NUESTRO
EDÉN

NUESTRO
EDÉN

Encuentra gozo verdadero
en la presencia de Dios

Edyah Barragán

ESPAÑOL
NASHVILLE, TN

Nuestro Edén: Encuentra gozo verdadero en la presencia de Dios

Copyright © 2022 por Edyah Barragán
Todos los derechos reservados.
Derechos internacionales registrados.

B&H Publishing Group
Nashville, TN 37234

Diseño de portada: B&H Español

Director editorial: Giancarlo Montemayor
Editor de proyectos: Joel Rosario
Coordinadora de proyectos: Cristina O'Shee

Clasificación Decimal Dewey: 248.84
Clasifíquese: VIDA CRISTIANA / DESEO DE DIOS / CONFIANZA EN DIOS

A menos que se indique de otra manera, las citas bíblicas marcadas RVC se tomaron de la Reina Valera Contemporánea®, © 2009, 2011 por Sociedades Bíblicas Unidas. Usadas con permiso.

ISBN: 978-1-0877-5674-5

Impreso en EE. UU.
1 2 3 4 5 * 25 24 23 22

ÍNDICE

INTRODUCTION

INTRODUCCIÓN

Como muchas mujeres, yo también había escrito el libreto de mi vida. Lo tenía lleno de sueños, ilusiones y expectativas sobre cómo debía ser mi vida. Sin embargo, el guion de mi historia cambió cuando menos lo esperaba. Me encontré frente a una relación que no funcionó. Me inundaban sentimientos de tristeza, dolor, vergüenza, decepción y todo lo que acompaña a una relación que no floreció. Había tantas preguntas en mi cabeza. Estaba confundida. No sabía cómo enfrentar la situación, tanto en mi vida privada como en mi vida pública.

De verdad quería honrar y glorificar a Dios aun en medio de ese proceso, y por eso decidí pedir ayuda. Busqué a una amiga y consejera y, cuando nos reunimos, fui lo más sincera posible con ella. Le dije que no sabía qué hacer o cómo salir adelante sin dejar que esta relación rota me definiera haciéndome creer que era una fracasada, que me había equivocado o que mi valor dependía de ser amada por alguien, y que eso me afectara en el futuro. Ella me acompañó con mucho amor, conocimiento y sabiduría del Señor, guiándome a través de una jornada que trajo a la luz una verdad imprevista.

Mi amiga me desafió a hacer una lista de lo que estaba sintiendo, ya fuera enojo, rencor, tristeza, insuficiencia o decepción. También me pidió que iniciara un ayuno por unos cuantos días para buscar al Señor. Durante los primeros días del ayuno, me tenía que enfocar en la lista de emociones que había estado experimentando, dedicando un día a cada una de ellas. Lo que debía hacer era buscar la definición de esas emociones en un diccionario, al igual que todo lo que pudiera encontrar en la Biblia respecto a ese sentimiento particular. Una vez que tenía esa información, debía contestar tres preguntas: ¿Qué dice Dios del tema? ¿Qué quiere el enemigo? ¿Qué fruto del Espíritu contrarresta dicha emoción? Cuando contestara esas preguntas, tenía que escribir mi compromiso con Dios de cómo actuaría de ahora en adelante.

Durante ese proceso, empecé a notar un patrón que se repetía día tras día y que estaba enraizado en mis emociones. Cada vez se iba haciendo más y más evidente que la razón de mi lucha emocional tenía muy poco que ver con la relación amorosa en sí, y demasiado con mi fuente de gozo. Yo pensaba que la raíz de lo que sentía tenía que ver con la ruptura, pero, en realidad, iba más profundo que esa relación rota. Esta experiencia me sirvió para aprender una de las verdades más revolucionarias de mi vida como cristiana. Pude ir descubriendo con más claridad que la fuente de mi gozo se había desviado del lugar donde tenía que estar, en Cristo.

El concepto fundamental de este libro nace de esa situación que tuve que afrontar. Fui tan confrontada por el Señor en mi espíritu que llegó a producirse un despertar espiritual en mí. No solo fui consciente de una necesidad que no había cubierto en mi vida, sino que también descubrí que se trata de una necesidad que muchos de mi generación también están experimentando. Durante este proceso, venían todo el tiempo a mi mente comentarios y preguntas que recibo con frecuencia en mis redes sociales y que ahora los podía conectar de forma directa con lo que Dios estaba hablando a mi vida.

Conforme iba estudiando en la Biblia todo lo relacionado con lo que sentía, noté que a pesar de llevar algunos años en el Señor y de dedicarme a hablar de Su Palabra, había ciertas verdades bíblicas que repetía de manera automática y sin realmente comprender por completo lo que significan. Esto estaba produciendo una monotonía acompañada de un desgaste espiritual, algo en lo que se puede caer con tanta facilidad, aun cuando se trate de cuestiones tan relacionadas con nuestra fe. Estoy segura de que has sentido esa insuficiencia monótona en algún momento de tu vida. Al igual que yo, de seguro has deseado sentir plenitud y gozo personal, pero nada parece suplir ese anhelo profundo de tu corazón.

Estamos tan acostumbradas a repetir, escribir en redes sociales y cantar que Jesús lo es todo para nosotras, pero la realidad es que no lo vivimos en todo su potencial. A veces decimos una cosa y llegamos a actuar de manera opuesta a lo que proclamamos con nuestros labios. Hemos aprendido a vivir un cristianismo bastante superficial que nos hace difícil entender que solo nuestra relación íntima con Dios será lo que nos lleve a vivir una vida plena en todo sentido y en todas sus áreas. Pero, para alcanzarla, debemos reconocer primero que el problema es que tendemos a estar siempre queriendo y buscando más fuera de Dios.

Conforme fueron pasando los días, me di cuenta de que mis expectativas de vida me habían impedido ver la suficiencia de Cristo. A pesar de estar leyendo constantemente la Palabra y de buscar tener una relación íntima con Él, seguía construyendo mis propios planes basados en lo que pensaba merecer en esta vida. Había orgullo y autosuficiencia en mi corazón que me impedían buscar en humildad la voluntad del Padre. Lo que descubrí en ese período de ayuno y búsqueda de Dios es que era necesario regresar al comienzo de la historia y ver los patrones que se repiten con frecuencia en los seres humanos desde el inicio de los tiempos.

Desde el Edén hasta hoy, los seres humanos seguimos buscando en nuestras fuerzas construir vidas conforme a nuestros deseos, y lo único que hemos conseguido es alejarnos de Dios. Los caminos anchos han captado nuestra atención y, como imanes que nos atraen con fuerza, caminamos hacia ellos, solo para terminar cansadas porque no somos lo suficientemente fuertes como para cargar con el peso y la responsabilidad de esa supuesta plenitud en nuestras vidas. Como dice Jesús: «Entren por la puerta estrecha, porque ancha es la puerta y espacioso el camino que lleva a la perdición, y muchos son los que entran por ella» (Mat. 7:13).

Tenemos que decirnos la verdad, aunque nos duela: aun viviendo vidas «cristianas», no deseamos realmente la voluntad de Dios y Sus propósitos. Pareciera como si nuestra felicidad y bienestar tuvieran más opciones viables que no tienen a Dios en el radar. Bajo esa luz es que buscamos e interpretamos las Escrituras. Sin embargo, Dios ya ha hablado y estipulado lo que realmente necesitamos, pero continuamos ignorándolo porque estamos cegadas por los ídolos electivos de nuestro tiempo que parecieran ofrecer de forma engañosa satisfacción sin Dios.

Recuerdo un momento específico en que meditaba en lo que dice Pablo durante su despedida final de la iglesia de Éfeso en Mileto: «Pero eso a mí no me preocupa, pues no considero mi vida de mucho valor, con tal de que pueda terminar con gozo mi carrera y el ministerio que el Señor Jesús me encomendó, de hablar del evangelio y de la gracia de Dios» (Hech. 20:24). Esta es la respuesta de Pablo al saber que lo que le esperaba en Jerusalén serían cárceles y tribulaciones por predicar el evangelio. Me confrontó leer sus palabras porque, al examinar mi vida, yo buscaba y esperaba todo menos dolor y problemas. Creía que por ser «buena» merecía hacer realidad mi historia anhelada. Cuanto más oraba con mayor intencionalidad, era imposible no notar cuánto estaba viviendo para construir mi cuento de hadas y que, en contraste con Pablo, yo sí consideraba mi vida de mucho valor.

Existe un deseo natural tan grande en nosotras de ser amadas, escogidas y ser parte de algo más grande que nosotras mismas que, sin duda, deseamos verlo cumplido en nuestras historias personales. Sin embargo, producto de la presión cultural que nos asedia, hemos terminado entregándonos a todas las ofertas de plenitud que el mundo ofrece y que, finalmente, solo nos vuelven a dejar como estábamos al comienzo: rotas, vacías y llorando de rodillas. En nuestra búsqueda de ser fuertes, valoradas y sostenidas, hemos tocado demasiadas puertas equivocadas. Por eso he dicho que proclamamos a viva voz que «Dios nos ama y que lo es todo», pero esa supuesta convicción se diluye en nuestro diario vivir y terminamos demostrando lo contrario al correr detrás de otros dioses contemporáneos que parecieran ofrecer lo que buscamos.

Aun si pensáramos que esto no se aplica por completo a nosotras, quisiera pedirles un poco de paciencia porque, conforme vayamos avanzando en este libro, lograremos detectar cómo todo lo que está a nuestro alrededor está impregnado de esa misma realidad por donde quiera que volteemos a ver. No podemos negar que estamos sumamente programadas en nuestra búsqueda por construir la «mejor versión» de nuestras vidas y obtener al precio que sea aquellas cosas que nos prometen saciarnos y hacernos felices.

Puedo confesar que cada día durante aquel ayuno, el Espíritu Santo revelaba con más claridad que mi amor por esta vida y por la satisfacción de mis deseos y la sobrevaloración de mi vida habían distorsionado mi manera de interpretar las Escrituras y me privaban de entender la suficiencia absoluta de la obra redentora de Cristo. Buscaba adoptar de alguna manera la Palabra en mi vida, pero solo era para finalmente buscar mi comodidad y beneficio. Había olvidado o quizá nunca había comprendido realmente quién es Dios, hasta el punto de creer que necesitaba buscar la plenitud en este mundo.

Cada día, pasaje y oración apuntaban a lo mismo, a la cruz. No les estoy diciendo nada nuevo, porque ese sacrificio de Jesús está en el centro de nuestra fe, es lo que cambia nuestras vidas. Sin embargo, tendemos a pensar que es tan obvio, que es en lo que menos pensamos. Todas sabemos que Jesús murió por nosotras, pero ¿realmente entendemos el peso de su significado? El sacrificio de Jesús en aquella cruz es el acto de amor más impresionante de la historia. Ese sacrificio sustitutorio no transforma nuestras vidas solo por un instante, ¡sino por toda la eternidad! Entender el porqué y el para qué de Su sacrificio nos llevará a un verdadero entendimiento de la plenitud que solo se encuentra en Él. Nos abre la mente a una perspectiva que claramente no se encuentra en este mundo. Son conceptos nacidos del corazón de Dios que solo pueden ser encontrados al conocerlo en las Escrituras.

Recuerdo con claridad estar de rodillas a un lado de mi cama y, por primera vez en mi vida, encontrarme atónita al contemplar la verdad de que la cruz es suficiente. Dios ya había obrado de una manera sobrenatural en mi vida, pero por estar tan envuelta en este mundo, no había permitido que esa verdad inundara cada rincón de mi ser. Muy poco tiempo después del día de mi salvación, ya había dejado de reflexionar en esa obra majestuosa y había cambiado mi enfoque a todo lo que creía que Dios tenía que darme para cumplir mis anhelos. Lo había visto como un acontecimiento que marcó un antes y después en mí, pero de manera tan superficial que lo sentía como si hubiera sido la ceremonia de graduación de la universidad. No veía la relevancia que tiene para cada día de mi vida. Quizá me había acostumbrado tanto a la idea de Jesús en una cruz, que esa familiaridad me había llevado a dejarlo allí y pasarlo por alto.

El mundo siempre grita y te presiona para que te encuentres a ti misma y tu propósito. Apela a diversas rutas que prometen llevarte a un encuentro contigo misma. Pero desde que vemos con detenimiento nuestras vidas a la luz de la Palabra y la redención de Cristo, nos damos cuenta de que nuestra identidad ya está planteada por Dios mismo y es accesible para conocerla y vivirla en Cristo. No es que nosotras debamos encontrarnos mientras tanteamos los caminos del mundo y sus ideales culturales, sino que ya hemos sido encontradas y redimidas por el Creador a través de la obra de Jesucristo anunciada en el evangelio.

Todo lo que acabo de decir se opone al pensamiento popular que nos dice que debemos ser fuertes solas, que debemos luchar por nosotras mismas, por nuestra felicidad y por nuestra plenitud sin importar nada más. Esa actitud tan popular hace que pongamos el énfasis solo en nuestra capacidad y nada más que en nosotras mismas. No sé tú, pero muchas veces he llegado a sentirme que no puedo más, que la presión es muy grande y la vida muy difícil. Si vivimos así es porque seguimos viviendo sin entender que no tenemos que caminar solas, porque no estamos solas. Dios nunca nos pidió que seamos «todo» para nosotras mismas, sino que dejemos que sea Él nuestra roca, la fortaleza en nuestra debilidad y el centro de nuestro existir todos los días de nuestras vidas.

Esto puede sonar completamente ajeno a lo que resuena en la cultura contemporánea, pero tenemos que volvernos débiles o, más bien, aceptar que somos débiles para poder ser fuertes en Cristo (2 Cor. 12:9). Lo que el Señor nos exhorta a hacer es lograr ver el límite de nuestro «yo» para finalmente postrarnos en humildad delante del GRAN YO SOY. En el momento en que dejemos de mirarnos a nosotras mismas y miremos a Cristo, lograremos encontrar el descanso que se halla en la gracia que recibimos directamente de Dios.

16

Por supuesto que es posible vivir en paz, con contentamiento, gozo y plenitud, pero estas cosas no se encuentran en las fuentes que el mundo promete. Las hijas de Dios debemos dejar de vivir de la misma manera que vive el mundo sin Dios. Es momento de dejar que la Palabra de Dios transforme nuestra mente y se convierta en la verdad que creemos y que, por lo tanto, buscamos vivir. No podemos esperar resultados de Dios si vivimos a la manera del mundo. Mi corazón y oración con este libro es que no solo recibas información que almacenes en tu cabeza, sino que el Espíritu Santo traiga convicción a tu corazón y puedas descubrir y vivir esa intimidad con el Padre que sacie tu ser por completo y para siempre.

SALMO 23

TESORO INESPERADO

Las temporadas difíciles tienden a evadirse buscando mirar hacia otro lado o hasta negando que existen. Es posible que en nuestra naturaleza exista ese instinto de supervivencia que nos hace buscar seguridad a como dé lugar. Sin embargo, ha sido en los momentos difíciles, en las pruebas y en la debilidad que he conocido más de Dios y experimentado Su Palabra de una manera viva. Los momentos en que siento que no puedo más, mi fe ha sido perfeccionada, tal como lo dice Pablo:

Y no sólo esto, sino que también nos regocijamos en los sufrimientos, porque sabemos que los sufrimientos producen resistencia, la resistencia produce un carácter aprobado, y el carácter aprobado produce esperanza. Y esta esperanza no nos defrauda, porque Dios ha derramado su amor en nuestro corazón por el Espíritu Santo que nos ha dado. (Rom. 5:3-5)

Durante aquel proceso de sanidad, constantemente me encontraba abrumada por mis emociones, luchando con la ansiedad y la incertidumbre. Pero en lugar de ahogarme en la desesperanza que sentía, decidí alabar a Dios. Sabía que lo mejor que podía hacer era aferrarme a la verdad de que Dios es siempre bueno sin importar lo que suceda a mi alrededor. En una ocasión, mientras oraba y escuchaba música, me encontré con dos canciones de Audrey Assad, «*Good to me*» [Bueno para mí] y «*Shall not want*» [Nada me faltará] y, mientras prestaba atención a la letra, fui confrontada en mi fe.

La canción «*Good to me*» dice en una de sus estrofas, «y los zorros en los viñedos no robaran mi gozo porque tú eres bueno conmigo». Sin realmente comprender por completo el significado, empecé a orar. Le dije a Dios que, sin importar el caos a mi alrededor, nada robaría mi gozo porque Él era bueno. No sabía cómo podría hacerlo realidad en mi vida, porque parecía una locura pensar que pudiera estar gozosa en medio del desastre que estaba viviendo. Mientras reflexionaba y pensaba en todo esto, mi oración comenzó a cambiar y empecé a preguntarle a Dios cómo podía mantener mi gozo aun en medio de la adversidad.

La segunda canción fue la que me llevó a las Escrituras para poder responder esa incógnita. La letra de «*Shall not want*» dice que cuando pruebe la bondad de Dios, entonces no desearé ni necesitaré ninguna otra cosa. Esas palabras me hicieron meditar porque yo sentía que necesitaba muchas cosas y, si era sincera, no entendía esa plenitud absoluta en Dios. Al escuchar repetirse la frase «nada me faltará», me acordé que eso mismo dice el Salmo 23, y rápidamente abrí mi Biblia.

La verdad es que no esperaba mucho del Salmo 23. Es tan familiar que solía pasarlo por alto porque por años escuchaba a cristianos decir, casi como un cliché, que era su favorito. Es uno de los más populares y simplemente lo llegué a considerar como una muletilla para muchas personas que realmente no leían la Biblia. Para mí era tan popular como Filipenses 4:13, lo que me hacía no prestarle tanta atención como debiera. ¡Pero qué tesoro encontré!

NADA ME FALTARÁ

En la sociedad en que vivimos, especialmente en estos tiempos, tendemos a tener aspiraciones y planes que pensamos nos completarán. Por lo tanto, los anhelos que no alcancemos nos hacen sentir incompletas y podrían llevarnos a la amargura, la decepción y la desilusión. Hay tantas expectativas sobre cómo deben lucir nuestras vidas, cuándo debemos casarnos, la carrera con la que soñamos, la casa deseada, el cuerpo ideal, la forma en que debemos ser tratadas —y la lista continúa—, que al encontrarnos con las palabras de David: «El Señor es mi pastor; nada me falta» (Sal. 23:1), se nos dificulta entenderlas y vivirlas, porque supondrían que deberíamos tener todo lo que anhelamos y más.

Solemos vivir un cristianismo parcial. Es como que vemos a Dios, la iglesia y la Biblia como parte de nuestras vidas, pero no la base sobre la cual gira nuestra vida. Vivimos nuestro cristianismo como una actividad añadida a una larga lista de quehaceres como ir al trabajo, la escuela y el gimnasio, ignorando que, al ser hijas de Dios, de esa base nace el resto, y es algo que afecta todo. La razón por la cual David podía afirmar estas palabras con seguridad es porque Dios era todo para él y todo lo demás en su vida partía de su relación con el Señor. Te pregunto: ¿qué es Dios para ti? ¿Es acaso tu Dios, tu Pastor, tu Salvador, tu Amigo, tu todo?

Cuando David afirma: «El Señor es mi pastor», está declarando el carácter de Dios y también lo que Dios es para él. Está diciendo que Dios es su protector, proveedor, quien lo guía, su todo. Esa primera declaración afirma con certeza que cada necesidad presente o venidera se satisface únicamente en Dios. Lo opuesto es habernos acostumbrado a necesitar siempre algo fuera de Dios. Nuestra afirmación suena como esto: «Si mis sueños se cumplen y mis expectativas no fallan, nada me faltará». Deseamos tener control de nuestras vidas para así asegurarnos de obtener todo lo que consideramos necesario para una vida plena y satisfecha.

Las hijas de Dios debemos encontrar plenitud en Él. Esto significa que podamos afirmar esas mismas palabras de David aun cuando, ante nuestros ojos, nos falta aquello que anhelamos en nuestra carne. Estar plenas en Cristo es poder enfrentar aflicción, afrenta, necesidad, y decepción y aun así encontrar contentamiento porque lo tenemos a Él. La Biblia misma nos enseña una y otra vez que debemos amarlo por sobre todas las cosas, pero hemos ignorado esa verdad o no hemos considerado cómo aplicarla realmente en nuestras vidas. Lo cierto es que hemos visto a Dios como «el medio» para obtener lo que nos hará felices, en lugar de verlo a Él como «la fuente» de nuestro gozo y plenitud.

Aunque podamos pronunciar las palabras correctas que se alineen con las Escrituras, nuestro corazón termina revelando lo que realmente hay en nosotras. Aun sin darnos cuenta, hay ciertos ídolos en nuestras vidas que, de no ser identificados y derribados, no permitirán que veamos a Dios como nuestro todo. Recuerdo una situación en particular en la que no quería orar porque no quería lidiar con mi corazón por miedo a que la voluntad de Dios fuera quitarme aquello que amaba. Estuve así por un par de semanas o quizá hasta meses hasta que llegó un punto donde en mi corazón hubo esa paz y convicción de que mientras lo tuviera a Él, podría perderlo todo y aun así seguir encontrando plenitud y contentamiento en Él.

Las palabras de Isaías al pueblo de Israel resuenan constantemente en mi cabeza:

El sol no volverá a ser tu luz durante el día, ni te alumbrará más el resplandor de la luna, porque el Señor será para ti una luz perdurable; tu Dios será tu gloria. Tu sol no volverá a ponerse, ni tu luna volverá a oscurecerse, porque el Señor será para ti una luz perdurable, y tus días de tristeza llegarán a su fin. (Isa. 60:19-20)

Este pasaje me confronta y me llena de paz al mismo tiempo. En tantas ocasiones ponemos nuestra felicidad, plenitud y satisfacción fuera de Dios y, cuando esas otras cosas fallan o no dan lo prometido, llegan la tristeza, la insatisfacción y la frustración. Constantemente regreso a este pasaje porque el profeta no está negando que habrá oscuridad o dificultad, sino que ahora dependerán de Dios y Él será el proveedor de esa luz y plenitud de manera permanente. El dolor y la dificultad son inevitables; entonces no se trata de fingir que todo está bien y crear un mundo ficticio en nuestras cabezas. No se trata de negar tus emociones y la realidad de la necesidad en esta tierra, sino de quitar nuestra esperanza de las cosas terrenales y temporales y ponerla en Cristo. Este es un punto crucial para entender. Hablar de plenitud y satisfacción en Cristo no iguala a una vida ausente de dificultades y necesidades. Significa que entendemos que la necesidad es real pero pasajera, y que Cristo es nuestra mayor porción en esta vida y en la venidera.

ANSIEDAD POR EL FUTURO

Descanso… En ocasiones, esa palabra parece tan ajena a nuestras vidas porque la ansiedad, la preocupación y la presión se han vuelto nuestros acompañantes constantes, en lugar de vivir rodeadas de la bondad y la misericordia de Dios. No logramos afirmar lo que David comprendió cuando dijo: «En campos de verdes pastos me hace descansar; me lleva a arroyos de aguas tranquilas» (Sal. 23:2). En la vorágine de escribir nuestra historia, no nos damos cuenta de que estamos jalando las riendas cuando hay alguien más que nos guía.

En los próximos capítulos, empezaremos a evaluar y reflexionar con mayor profundidad en todo aquello que hemos estado haciendo mal, cómo eso nos afecta y qué debemos hacer al respecto. Pero me gustaría que desde este momento en adelante, no dejes de tener en mente que *Él es quien escribe tu historia*. Estas palabras no son para pronunciarse bajo una luz romántica e ilusa, donde se escribe nuestra historia aparentemente perfecta, sino cuando entendemos con humildad que Él es Dios, soberano y todopoderoso también sobre nuestras pequeñas vidas.

Muy en el fondo, sabemos que no podemos controlar nuestra situación y mucho menos prever lo que vendrá. Sin embargo, actuamos como si pudiéramos, y no es cierto. Anhelamos experimentar paz, pero lo único que obtenemos es una ansiedad abrumadora que nos hace sentir que hasta nuestro propio cuerpo nos traiciona. Hay tanto estrés y preguntas sobre nuestras vidas y nuestro incierto futuro que encontramos todo menos descanso.

Los seres humanos somos ignorantes del futuro. Ni siquiera podemos saber qué pasará en los próximos diez minutos. Quizá podemos planear, tener algunas expectativas y en ocasiones y solo en algunos asuntos acertar en lo que sucederá, pero no tenemos garantía sobre el futuro; solo una esperanza imprecisa en la nebulosa de lo desconocido. Las palabras de Santiago lo describen a la perfección cuando dice:

Ahora escuchen con cuidado, ustedes los que dicen: «Hoy o mañana iremos a tal o cual ciudad, y estaremos allá un año, y haremos negocios, y ganaremos dinero.» ¡Si ni siquiera saben cómo será el día de mañana! ¿Y qué es la vida de ustedes? Es como la neblina, que en un momento aparece, y luego se evapora. Lo que deben decir es: «Si el Señor quiere, viviremos y haremos esto o aquello». (Sant. 4:13-15)

Tenemos que ser conscientes de que nuestro conocimiento es limitado y de que dependemos por completo de la providencia de Dios, aun si no lo tenemos presente en nuestras mentes.

El mundo nos empuja a escribir nuestra historia como si estuviera solo en nuestras manos y dependiera de nuestra inteligencia y fuerza, y como creyentes, hemos aceptado esa presión, en lugar de entender nuestra historia a la luz de la Palabra y reconocer que Dios es quien reina sobre todo, incluyendo nuestras vidas y planes. Si dejamos de analizar las Escrituras, comenzamos a correr una carrera en la que inevitablemente nos sentiremos cansadas y perdidas. Perdemos el enfoque, la visión, el propósito y el llamado para el cual fuimos creadas al vivir bajo esa premisa del mundo. Simplemente, terminamos distraídas con los afanes venideros.

EL MIEDO QUE ASEDIA

Una de las emociones que procesé y pude entender durante mi tiempo de ayuno fue el miedo. Había demasiados miedos en mi mente y corazón que se producían cuando buscaba seguridad en mis logros y esfuerzos. Creía necesitar un plan infalible con respecto a mi futuro. El miedo llegaba cada vez que sentía perder el control o al encontrarme frente a incógnitas que no era capaz de resolver. Este sentimiento venía desde diferentes ángulos: miedo al rechazo, al fracaso, a la crítica, a no ser alguien, a no ser lo que la gente espera, a fracasar y a no ser suficiente.

Cuando analicé mis emociones a la luz de la Palabra, era evidente que algo no estaba haciendo bien. Un corazón alineado con el Padre encuentra una seguridad en Él sin importar lo que puedan ver sus ojos. David afirmó con absoluta seguridad: «Aunque deba yo pasar por el valle más sombrío, no temo sufrir daño alguno, porque tú estás conmigo; con tu vara de pastor me infundes nuevo aliento» (Sal. 23:4). David comprendía que Dios lo guiaba y cuidaba siempre y en todo lugar. Tenía tal convicción que aun al pasar por lugares que en su humanidad pudieran causar pavor, su confianza permanecía inamovible en el carácter de su Dios.

Las mujeres tenemos ese deseo de seguridad, y algunas suelen canalizarlo al buscar una pareja que las haga sentir confiadas. Otras asumen una actitud de autosuficiencia para no sentir que dependen de nadie más que de ellas mismas para obtener seguridad. Sea cual sea el extremo, el error sigue siendo el mismo porque destronamos a Dios de nuestras vidas, nos ponemos como la suprema autoridad y nos equivocamos al no poder entender y aceptar que no hay nadie que nos pueda cuidar mejor que nuestro Creador.

Es evidente que si no conocemos quién es nuestro Pastor, el miedo no solo llegará a nuestras vidas, sino que nuestra mirada no estará en Jesús, y entonces el miedo tendrá una enorme influencia en nuestras decisiones. Jesús mismo dijo: «Yo soy el buen pastor. Yo conozco a mis ovejas, y ellas me conocen a mí» (Juan 10:14). Si no conocemos a nuestro Pastor y no reconocemos que Él nos conoce perfectamente, si no hay una relación de intimidad y confianza, es fácil perdernos, llenarnos de miedo y huir en la dirección incorrecta. Esto no solo en términos de esta vida terrenal sino de la eterna.

El peligro de todo esto es que, en nuestro afán de encontrar seguridad, comenzamos a trazar la mejor ruta que creemos que es la más segura para caminar. Pero la realidad es que no son caminos nuevos o inéditos, sino que comenzamos a ir por los caminos sumamente transitados que nuestra sociedad nos dice que son los correctos, y nuestro enfoque se torna totalmente humano. Sin darnos cuenta, dejamos de buscar y escuchar al Buen Pastor. Uno de los errores más grandes que podemos cometer es perder la perspectiva, dejar de ver al Señor, centrarnos en nosotras mismas y limitarnos a ver únicamente nuestra vida terrenal.

Quizá comenzaste a leer este libro porque sientes un vacío dentro de ti; tal vez sientes esa insatisfacción en tu vida y nada parece llenarla. Sin embargo, es importante entender que la plenitud que podamos encontrar en esta tierra será solo un reflejo de la plenitud que hemos encontrado en Cristo y las cosas eternas. Una de las principales luchas a las cuales nos enfrentamos es la de estar tan entretenidas en este mundo que nos perdemos en los afanes que la cultura contemporánea ofrece. Pero Jesús ofrece la plenitud de una manera opuesta, al decirnos:

Yo soy la puerta; el que por mí entra, será salvo; y entrará y saldrá, y hallará pastos. El ladrón no viene sino para hurtar, matar y destruir; yo he venido para que tengan vida, y para que la tengan en abundancia. Yo soy el buen pastor; el buen pastor da su vida por las ovejas. (Juan 10:9-11)

Tal como acabamos de leer, esa única puerta, la cual es Jesús, no es la entrada a la vida soñada en esta tierra, sino que es la entrada a la salvación eterna a través de Su obra. No solo eso, sino que también el Señor nos advierte que hay un ladrón cuyas intenciones son opuestas a las del Pastor. La vida en esta tierra no es nuestro único desafío, sino que también nos enfrentamos a una realidad eterna. Todo lo que conocemos hoy es pasajero, pero lo venidero no tiene fin. El propósito del ladrón es solo distracción y perdición; es decir, quiere que pasemos una eternidad alejadas del Pastor.

Algo maravilloso y sobre lo que podemos descansar sin ningún temor es que, aunque no entendamos en su totalidad lo que significa que Dios sea nuestro pastor y que eso es suficiente, eso no le quita veracidad y cumplimiento a esa obra divina. Quiero invitarte, una vez más, a que no pierdas de vista esta realidad celestial a lo largo del libro. Hay verdades que son difíciles de entender y creer, pero eso no les resta credibilidad o poder cuando se trata de la Palabra de Dios; no les quita eficacia y realidad, porque dependen completamente de Él.

EL CAMINO A SEGUIR

Quizá, después de leer todo lo que hemos compartido, te sientas un tanto abrumada y muy lejos de esa plenitud. Llegar a darnos cuenta de que Dios no ha sido el número uno en nuestras vidas nos confronta, porque como hijas de Dios, no queremos aceptar que esto ha sido una realidad en nosotras. Sin embargo, es necesario reconocer, de una vez por todas, que hemos puesto a Dios en segundo lugar. Solo al admitir lo que hemos estado haciendo mal, podremos cambiar nuestra manera de vivir.

Son muchas las oportunidades en que le agradezco a Dios por las veces que confronta mi vida. Esto me demuestra que me ama tanto que no me deja quedarme atorada en mi ignorancia. Quiero recordarte que no somos nosotras, sino que Dios está obrando de forma soberana aun en estos procesos de crecimiento espiritual. Durante el tiempo que pasé meditando el Salmo 23, pude darme cuenta de todas las maneras equivocadas en las que había estado leyendo la Palabra, acercándome a Dios y viviendo mi vida cristiana. Pero al recibir dirección y claridad de parte del Señor a través de ese salmo, también pude encontrar el descanso y la fortaleza que necesitaba para poder hacer los cambios que necesitaba en mi vida.

Cuando David dice: «Me infunde nuevas fuerzas y me guía por el camino correcto, para hacer honor a su nombre» (Sal. 23:3), está reconociendo que ese camino correcto no lo encuentra por su conocimiento, sino que es Dios quien lo guía. De la misma manera, debemos tener presente que el Espíritu Santo es quien trae convicción, dirección y revelación de la Palabra a nuestras vidas. Podemos descansar en que aun sin entenderlo todo ni saber cómo avanzar, podemos correr en humildad a Dios, nuestro Padre, el Buen Pastor, y tener la certeza de que Él mismo nos guiará amorosamente por el camino correcto.

Encontrar plenitud en Dios requerirá morir a nosotras y a nuestros falsos ideales promovidos por el mundo. Eso requerirá humildad por parte nuestra y la guía del Espíritu Santo. Por eso te pido que no solo tomes mis palabras, sino que analices todo lo que acabas de leer a la luz de la Palabra de Dios y que le pidas al Espíritu Santo que revele Su verdad a tu corazón. Es necesaria nuestra rendición porque hemos limitado a Dios a nuestra propia perspectiva en lugar de someternos a Él. Buscamos nuestra voluntad más que la suya y, cuando somos confrontadas por la verdad de la Palabra, nuestro instinto natural es rechazarla en lugar de preguntarnos si la vida pudiera ser así.

Para poder llegar a entender la suficiencia de Dios y tener la convicción de que si lo tenemos a Él no nos falta nada más, es necesario ir al comienzo de la historia. Solo al ver las cosas desde una perspectiva externa podremos ver la historia completa. A lo largo de la historia humana, siempre se han trastocado los valores y las prioridades correctos, hasta el punto en que la manera en que vivimos hoy (aun las cristianas) tiende a reflejar el pensamiento común que considera vivir para Cristo como pérdida y conquistar al mundo como ganancia. De eso conversaremos en el próximo capítulo.

EL EDÉN

Durante mi proceso de entender la suficiencia de Dios, me di cuenta de que había demasiadas verdades que había pasado por alto y, en consecuencia, tenía una visión de la Palabra de Dios un tanto distorsionada y limitada. Me había acostumbrado tanto a leer la Biblia para encontrarme a mí misma y buscar los beneficios que se aplicaran a mi vida, que ignoraba casi por completo que todo apuntaba a Dios.

Debemos considerar con precaución y cuidado lo que está escrito en la Biblia. Una de las principales razones por las que hemos perdido el enfoque es que hemos priorizado nuestras ideas y creencias por sobre lo establecido por Dios. En lugar de buscar el propósito de Dios, tendemos a forzar la Escritura para que responda a nuestros intereses y demandas. Como tenemos tan en claro los problemas que queremos resolver en nuestras vidas, destronamos a Dios y lo convertimos en una especie de «solucionador» de problemas a través de soluciones mundanas. Estamos con nuestra mirada en las cosas de esta tierra, pero ¿cómo llegamos a esto? ¿Cómo corregimos nuestra manera de vivir para volver a poner a Dios en el primer lugar?

La Escritura es la Palabra de Dios y tiene un propósito muy claro que Pablo describió de manera precisa:

Toda la Escritura es inspirada por Dios, y útil para enseñar, para redargüir, para corregir, para instruir en justicia, a fin de que el hombre de Dios sea perfecto, enteramente preparado para toda buena obra. (2 Tim. 3:16-17)

Si toda la Escritura sin distinción es útil para conocer a Dios y ser formadas por el Señor, entonces es necesario regresar al comienzo de la historia, porque ahí se encuentra la clave de todo lo que viene a continuación. Aunque es muy probable que hayas escuchado la historia de la creación miles de veces y que conozcas los datos básicos del relato, estoy segura de que tu perspectiva cambiará si indagas más profundo en su significado. Quizá lo que te diga ahora te sorprenda, pero no pude entender con más claridad el sacrificio de Jesús y la manera que impacta mi vida hasta que estudié con detenimiento los aspectos claves de este relato inicial.

Con frecuencia, intentamos entender nuestro presente y nuestras luchas a la luz de nuestra situación actual. Eso evita que lleguemos a la raíz del problema y a la solución fundamental que el Señor plantea en la Escritura desde el inicio de la revelación. Lo primero que nos muestra y que no podemos olvidar es que Dios es el Creador de todo, incluyéndote a ti y a mí. Eso quiere decir que Él tiene un plan y propósito para todo lo creado. Tendemos a tomar roles que no nos corresponden y vivir vidas frustradas por no entender nuestro lugar cuando olvidamos esa verdad fundamental. Si entendemos bien lo que sucedió en el Edén, entonces podremos entender las consecuencias que nos continúan persiguiendo hasta el día de hoy y la solución eterna y poderosa que Dios planeó desde la eternidad.

Y VIO DIOS QUE ERA BUENO

Génesis nos enseña sobre la fundación de la tierra. Claramente, establece que todo lo que conocemos el día de hoy fue creado con inmensa sabiduría por Dios mismo. Desde los árboles, los animales y hasta los seres humanos, todo es fruto de la voluntad de Dios. Conforme iban pasando los días y el Señor iba completando de forma maravillosa su creación, una y otra vez aparece la frase: «Y vio Dios que era bueno». Todo lo creado fue hecho de manera perfecta, ordenada y con propósito.

Había una perfecta armonía dentro de la creación que no era solo entre las cosas creadas, sino que existía una perfecta armonía entre Dios y el hombre. A diferencia del resto de todo lo creado, Dios creó al hombre de una manera distinta y particular:

Entonces dijo Dios: «¡Hagamos al hombre a nuestra imagen y semejanza!
¡Que domine en toda la tierra sobre los peces del mar, sobre las aves de
los cielos y las bestias, y sobre todo animal que repta sobre la tierra!». Y
Dios creó al hombre a su imagen. Lo creó a imagen de Dios. Hombre y
mujer los creó. Y los bendijo Dios con estas palabras: «¡Reprodúzcanse,
multiplíquense, y llenen la tierra! ¡Domínenla! ¡Sean los señores de los
peces del mar, de las aves de los cielos, y de todos los seres que reptan
sobre la tierra!». (Gén. 1:26-28)

El ser humano, en contraste a todo lo demás creado, fue creado a imagen de Dios. Esto no quiere decir que nos creó como dioses, sino que compartimos cualidades con el Creador que nos diferencian del reino animal. A diferencia de los animales, los seres humanos somos capaces de ser autoconscientes, comunicarnos verbalmente y ser conscientes de nuestro comportamiento moral. Estas capacidades otorgadas por Dios lo hacen capaz para poder realizar la encomienda divina de dominar la tierra. El Señor le dio a la humanidad un tipo de autoridad y responsabilidad para administrar, preservar y cuidar el resto de la creación de Dios.

HOMBRE Y MUJER

Ya vimos que, conforme Dios iba creando el mundo, todo era bueno. Pero hay solo un instante en el proceso de la creación en donde no dice que era bueno, en el sentido de completo, sino lo contrario. Como que era necesario dar un paso más en el orden creativo:

Después Dios el Señor dijo: «No está bien que el hombre esté solo; le haré una ayuda a su medida». (Gén. 2:18)

Adán fue creado primero, pero Dios vio que no era bueno que el hombre estuviera solo; es decir, no tenía una compañía que se correspondiera con él como con el resto de los seres vivos. Incluso vemos cómo, al momento de ver la creación y nombrar a los animales, no se encontró ayuda adecuada para Adán (Gén. 2:20). En ese momento, Dios hizo un acto poderoso adicional; creó a la mujer e instituyó la unión entre ellos:

Entonces Adán dijo: «Esta es ahora carne de mi carne y hueso de mis huesos; será llamada "mujer", porque fue sacada del hombre». Por eso el hombre dejará a su padre y a su madre, y se unirá a su mujer, y serán un solo ser. (Gén. 2:23-24)

Me encanta leer estas palabras de Adán y su reacción al momento de ver a Eva. Después de ver tantos animales y cosas creadas maravillosas, vio a alguien que era parte de él y creada también a imagen de Dios.

Podríamos decir que este es el primer matrimonio establecido por Dios. El Señor los creó e instituyó su sexualidad como hombre y mujer, seres idóneos, complementarios, fructíferos, sin equivocaciones, sin complicaciones o modificaciones. Es evidente que la ayuda y la pareja para un hombre es una mujer, y el matrimonio es entre hombre y mujer. Hoy en día, vemos cómo nuevos paradigmas se han levantado para establecer un nuevo orden en este aspecto fundamental de la vida humana, pero el Creador ya ha establecido lo que es bueno y correcto.

¿Qué es lo que no podemos perder de vista hasta ahora? Hemos podido ver que Dios es el Creador y Soberano de todo lo que conocemos, que todo fue creado según Sus propósitos y Su voluntad. El Señor creó a Adán y Eva a Su imagen y vivían todos en comunión en el Jardín del Edén, donde Adán y Eva tenían la responsabilidad de administrar la creación en nombre de Dios. Sin embargo, la historia no acaba allí. Esa es la parte bonita, donde todo fue creado a la perfección; no había pecado, dolor, separación y mucho menos muerte. Es la clase de mundo que muchos creen hoy que deberíamos tener si realmente existiera Dios. Pero me pregunto si el mundo no es así por la ausencia de Dios o por otro problema.

LA SABIDURÍA HUMANA

Creo firmemente que entender la creación como un acto soberano y poderoso de Dios —y específicamente, la caída del ser humano— es esencial para entender la Biblia y el mundo que experimentamos hoy. Dios creó todo bueno y perfecto; sin embargo, ese mundo no es el que experimentamos hoy. Hay una razón para ese cambio cataclísmico: el pecado llegó y la historia cambió, pero no para siempre.

Dios es la cabeza, la autoridad y el fundador de todo, y tiene dominio sobre todas las cosas. Por lo tanto, no solo le dio al ser humano la bendición de disfrutar de toda Su creación pródiga, sino también la tarea de reproducirse, de dominar y señorear sobre la tierra. Pero para que se entendiera que Adán y Eva seguían siendo siervos a pesar de tanta bendición, también les puso un límite en el jardín. Ellos tenían libertad absoluta para comer de todo árbol excepto de uno. Dios les dijo que si comían del árbol del conocimiento del bien y del mal, morirían (Gén. 2:16-17). La orden no era cruel ni iba en detrimento de Adán y Eva. Por el contrario, el mandato era clarísimo y solo bastaba seguir reconociendo que Dios era Señor sobre sus vidas y sobre toda la creación.

Todo cambió cuando, en una ocasión, llegó la serpiente a tentar a la mujer. Quizá te preguntes si realmente una serpiente era capaz de hablar y tentar a Eva, pero era más que solo una serpiente; era Satanás mismo y, según las Escrituras, él es el padre de mentiras y engañador (Juan 8:44; Apoc. 12:9; 20:2). Esta fue la conversación que se suscitó entre la serpiente y la mujer:

La serpiente era el animal más astuto de todos los que Dios había creado. Así que le dijo a la mujer: «¿Así que Dios les ha dicho a ustedes que no coman de ningún árbol del huerto?» La mujer le respondió a la serpiente: «Podemos comer del fruto de los árboles del huerto, pero Dios nos dijo: "No coman del fruto del árbol que está en medio del huerto, ni lo toquen. De lo contrario, morirán"». Entonces la serpiente le dijo a la mujer: «No morirán. Dios bien sabe que el día que ustedes coman de él, se les abrirán los ojos, y serán como Dios, conocedores del bien y del mal». (Gén. 3:1-5)

La táctica que usó para tentar a Eva en aquel momento es la misma que continúa usando hasta el día de hoy. Satanás tomó lo que Dios les había dicho y lo distorsionó por completo. Lo más impactante no fue la pregunta que le hizo a Eva, sino la afirmación sobre el castigo establecido. Dios claramente les advirtió que la desobediencia resultaría en muerte y la serpiente lo negó de manera absoluta y tajante, diciendo: «No morirán».

Como hemos visto, la tentación era sobre un tema que era de total conocimiento para Adán y Eva. En palabras del teólogo John J. Davis:

De acuerdo con el Nuevo Testamento, Eva fue engañada, pero no era totalmente ingenua. Ella conocía bien la bondad y el cuidado de Dios [...]. Ella y Adán sin duda tenían comunión con Dios y reconocían la gloria de Su presencia.[1]

Eva falló al prestar atención a las palabras llenas de mentiras de Satanás y ceder ante el cuestionamiento del carácter de Dios, al dejar que se afirmara que el Señor les estaba mintiendo. Adán y Eva no solo conocían el mandamiento bien, sino que también habían disfrutado de la bondad y el amor de Dios. Cuando ella le prestó atención a la mentira, cuando desconoció a Dios y Su veracidad, entonces fue rápida en aceptar una interpretación alternativa de su realidad:

---

[1] John J. Davis, *Paradise to Prison* (Sheffield: UK, Sheffield Pub Company, 1998), pág. 88.

La mujer vio que el árbol era bueno para comer, apetecible a los ojos, y codiciable para alcanzar la sabiduría. Tomó entonces uno de sus frutos, y lo comió; y le dio a su marido, que estaba con ella, y él también comió. (Gén. 3:6)

La tentación no se presentó como algo repugnante, sino como algo que se veía agradable a los ojos. Ya no era desagradable porque Dios lo había prohibido, sino que se volvió agradable cuando ese fruto quedó sin la prohibición precisa dada por Dios. Es importante notar esto porque constantemente somos muy rápidas para cuestionar la Palabra de Dios cuando nos presentan ideologías que se «ven agradables» para nuestras vidas. El enemigo no viene con tentaciones que nos van a desagradar, porque no tendría sentido obligarnos a hacer algo que nos desagrada. Por el contrario, viene y hasta usa la misma Palabra de Dios, pero ajustándola de forma engañosa para que pierda su significado y así hacernos cuestionar lo que Él ya ha establecido y que es lo mejor para nosotras.

LA CAÍDA

Esa desobediencia tuvo consecuencias inmediatas para la vida de Adán y Eva:

En ese instante se les abrieron los ojos a los dos, y se dieron cuenta de que estaban desnudos; entonces tejieron hojas de higuera y se cubrieron con ellas. El hombre y su mujer oyeron la voz de Dios el Señor, que iba y venía por el huerto, con el viento del día; entonces corrieron a esconderse entre los árboles del huerto, para huir de la presencia de Dios el Señor. (Gén. 3:7-8)

La pena de la muerte empezó a manifestar su efecto devastador sobre las vidas y las circunstancias de Adán y Eva. Donde había inocencia sobre su desnudez, ahora, en un momento, había vergüenza. Donde antes tenían una comunión libre y segura con el Creador, ahora huían con miedo y vergüenza de Su presencia. Se levantó una muralla de separación con su Dios que nunca habrían imaginado.

Esta pareja empezó a hacer algo que seguimos haciendo hasta hoy. Empezaban a ver las terribles consecuencias de su desobediencia, pero en lugar de buscar a Dios, prefirieron cubrir su vergüenza por su cuenta. En un intento bastante ingenuo, quisieron cubrir su recién descubierta desnudez tejiendo hojas de higuera.

A pesar de que se podían sentir cubiertos, igual se propusieron permanecer ocultos de Dios. Ellos, al igual que nosotras, prefirieron cubrir su realidad de muerte con cosas que el mundo ofrece y que no son suficientes para cambiar la realidad. No buscaron al Creador, pero el Creador no perdió el tiempo y salió en su búsqueda. Así es hasta el día de hoy.

El Señor los encontró porque nadie puede esconderse de Él. Aunque sabía exactamente lo que habían hecho, igual les preguntó sobre lo que había pasado para que supieran que a Dios no se le puede ocultar nada. Las hojas de higuera cosidas no servían para cubrir su culpa; y allí vemos que Dios mismo realizó el primer derramamiento de sangre por causa del pecado, y Él mismo hizo túnicas con pieles de animales y los vistió (Gén. 3:21).

El pecado no solo afectó a la humanidad, sino también al resto de la creación. Aunque en ese momento ellos no lo sabían, la necesidad de sacrificios y derramamiento de sangre a causa de su pecado seguiría siendo una necesidad desde ese momento en adelante.

De un mundo perfecto con comunión con Dios, sin dolor y muerte, la insubordinación de Adán y Eva terminó produciendo una completa separación de Dios, y el mundo que estaba bajo su cuidado ya no reflejaría ese paraíso donde Dios gobernaba y sostenía a Su creación. La relación entre Dios y el ser humano; la mujer y el hombre; la creación y el ser humano; todas esas relaciones fueron afectadas en gran manera:

Dios el Señor dijo entonces a la serpiente: «Por esto que has hecho, ¡maldita seas entre todas las bestias y entre todos los animales del campo! ¡Te arrastrarás sobre tu vientre, y polvo comerás todos los días de tu vida! Yo pondré enemistad entre la mujer y tú, y entre su descendencia y tu descendencia; ella te herirá en la cabeza, y tú la herirás en el talón». A la mujer le dijo: «Aumentaré en gran manera los dolores cuando des a luz tus hijos. Tu deseo te llevará a tu marido, y él te dominará». Al hombre le dijo: «Puesto que accediste a lo que te dijo tu mujer, y comiste del árbol del que te ordené que no comieras, maldita será la tierra por tu causa; con dolor comerás de ella todos los días de tu vida. Te producirá espinos y cardos, y comerás hierbas del campo. Comerás el pan con el sudor de tu frente, hasta que vuelvas a la tierra, pues de ella fuiste tomado; porque polvo eres, y al polvo volverás». (Gén. 3:14-19)

¡Hay una gran diferencia entre lo que el mundo era originalmente y el mundo que conocemos ahora! A la luz de esto, podemos darnos cuenta de que ese acto de desobediencia marcó el resto de la historia y lo continúa haciendo, porque nosotras también somos pecadoras que le dan la espalda a Dios y a Su Palabra. Nosotras también experimentamos la muerte y las consecuencias de la desobediencia humana en general y los resultados de nuestra desobediencia en particular.

Solemos escuchar que muchos se hacen estas preguntas: Si Dios es bueno y todopoderoso, entonces ¿por qué el mundo sufre? ¿Por qué hay dolor? ¿Por qué no hace algo para acabar con tanta desgracia? El sufrimiento, la violencia y todo lo «caído» del mundo no era parte del diseño original de Dios, sino que es consecuencia del pecado; es decir, de haber cambiado la verdad de Dios por la mentira, de haber despojado la realidad de la voz de Dios y de haberle dado la espalda a Dios y creer que no lo necesitamos y que podemos ocupar Su lugar.

Sé que todo lo que hemos visto hasta ahora te puede dejar abrumada, sin esperanza y con muchas preguntas. Sin embargo, quédate tranquila, que no todo son malas noticias. Sin embargo, es importante ver la gravedad de la situación para entender el valor de la solución. El Señor deja en claro desde el principio que habrá sufrimiento, pero afirmó de forma soberana la victoria final cuando dijo: «Yo pondré enemistad entre la mujer y tú, y entre su descendencia y tu descendencia; ella te herirá en la cabeza, y tú la herirás en el talón» (Gén. 3:15). Este versículo es conocido por los estudiosos como el «protoevangelio»; es decir, la primera buena noticia de la primera promesa mesiánica; la promesa del evangelio que ahora sabemos que hablaba de Jesús, quien destruiría las obras del enemigo y la muerte de una vez y para siempre. Más adelante, cubriremos en profundidad ese tema. Por lo pronto, sigamos indagando más en las consecuencias del pecado y la forma en que nuestro Dios enfrenta la realidad de la humanidad.

TE DOY MI DEVOCIÓN

¡QUEREMOS UN REY!

Dios nos ha dejado Su Palabra para darnos dirección e instruirnos. Sin embargo, así como Adán y Eva, nosotras también somos muy rápidas para dar vuelta y añorar lo que vemos a nuestro alrededor. En nuestro tiempo hay demasiada información que busca robar nuestra atención y desviarnos del camino. Como el mundo gira alrededor de sí mismo y elige ir hacia dónde le parece mejor, caemos en la misma trampa de alejarnos de Dios para encontrar lo que mejor nos parezca. Me impacta la manera en que lo expresa John J. Davis: «Lo que miramos, a fin de cuentas, es muy importante. La idea de que un adulto puede mirar cualquier cosa es insensata e ingenua, ya que, en general, mirar lleva al deseo y al pecado».[1]

---

[1] John J. Davis, *Paradise to Prison*, pág. 90.

Podemos llegar a pensar que Adán y Eva fueron muy tontos por lo que hicieron y que, si hubiéramos estado en su posición, no habríamos hecho lo mismo. Es fácil decir eso porque tenemos la historia completa frente a nosotros y sabemos su desenlace, pero ellos mostraron su debilidad al enfrentarse a esa situación inédita. Ellos no son la excepción, porque relatos similares se continúan repitiendo a lo largo de la historia de la Biblia y en nuestras vidas hasta el día de hoy. Así como a ellos se les presentó una propuesta agradable a los ojos, diversas propuestas se nos han presentado y las hemos tomado.

Después de la caída, y a pesar de que se generó una enorme separación de Dios, no vemos indiferencia de parte del Señor, sino que continúa obrando e involucrándose con su creación. Luego de esa primera profecía de victoria sobre el enemigo (Gén. 3:15), Su plan de redención a favor de la humanidad comenzó a desarrollarse. Vemos a lo largo de las Escrituras cómo fue eligiendo a personas específicas, entró en pactos, hizo promesas y estableció a Israel como Su pueblo escogido. Aun cuando el pecado seguía teniendo efecto sobre el mundo y los seres humanos, Dios continuaba presente, obrando conforme a Su voluntad y propósitos.

A lo largo del Antiguo Testamento, podemos observar cómo el pueblo de Israel vio la mano de Dios obrando a su favor de una manera sobrenatural. Experimentaron Su poder al ser guiados de una manera palpable, pero aun así, no les fue suficiente. Constantemente, erraban al poner su confianza en lo que veían en lugar de descansar en el carácter, las palabras y el obrar de Dios. Su rebeldía era constante y, varios siglos después, llegaron al punto de querer ser como los demás pueblos y no ser gobernados por Dios, sino por reyes humanos:

Por eso todos los ancianos israelitas fueron a Ramá para hablar con Samuel, y le dijeron: «Es un hecho que tú ya eres viejo, y que tus hijos no siguen tu ejemplo. Por lo tanto, escógenos un rey, como lo tienen todas las naciones, para que nos gobierne». Pero a Samuel no le agradó esta propuesta de dar al pueblo un rey que lo gobernara; entonces oró al Señor, y el Señor le dijo: «Atiende todas las peticiones que te haga el pueblo. No te han rechazado a ti, sino a mí, pues no quieren que yo reine sobre ellos. Están haciendo contigo lo que han hecho conmigo desde que los saqué de Egipto: me están dejando para ir y servir a otros dioses». (1 Sam. 8:4-8)

Una y otra vez, podemos leer cómo Dios les decía amorosamente que ellos eran Su pueblo y Él era su Dios, pero aun así, Israel deseaba a alguien más, un rey humano, así como lo tenían todas las naciones. Tenían al Dios todopoderoso, inigualable, creador del mundo, quien había extendido Su gracia, misericordia y fidelidad a pesar de su rebelión, liberándolos de la esclavitud en Egipto, guiándolos por el desierto, entregándoles una tierra en la que fluía leche y miel y, aun así, deseaban tener un rey humano, falible y limitado.

El pueblo de Israel no lograba comprender la suficiencia de Dios porque siempre estaba volteando y prestando atención a lugares equivocados. Estaban rechazando a Dios «para ir y servir a otros dioses». Quizás te asombra y hasta te sientas en la libertad de condenar la insensatez del pueblo, pero ¿sabías que tú y yo hacemos lo mismo muchas veces? Teniendo conocimiento y comunión con Dios, tendemos a voltear la cabeza y desear lo que el mundo ofrece. Hacemos a Dios a un lado (como lo hizo Israel) y comenzamos a caminar en la dirección opuesta y hacia los reyes terrenales.

¡QUIERO UN REPRESENTANTE!

Desde niña, he sido demasiado soñadora. Eso significa que constantemente estaba haciendo planes de lo que quería hacer y de cómo lo lograría. Creía tener en mis manos no solo la responsabilidad, sino también la capacidad de tomar las riendas de mi vida aun a una edad muy temprana. Mi mayor anhelo era llegar a ser una artista; quería cantar, modelar y actuar. Me la pasaba soñando despierta y me imaginaba cantando en conciertos, firmando autógrafos, saliendo en portadas de revistas, protagonista de películas y series. En fin, todo lo que tuviera que ver con el mundo del espectáculo.

Sin embargo, más allá de mis sueños, también, de alguna manera, era consciente de mis limitaciones como persona. Sabía que necesitaba a alguien que creyera en mí y estuviera dispuesto a llevarme hasta la cima de mis sueños, por lo que siempre les decía a mis papás que necesitaba un *representante*. La respuesta siempre era la misma: «Dios es tu representante». Tengo que reconocer que me sentía incomprendida y frustrada, porque sentía que ellos no sabían de qué estaban hablando. Entendía que Dios estaba presente, pero yo necesitaba «un rey como todas las naciones». Quería a un ser humano frente a mí que tuviera las capacidades para representarme y me ayudara a alcanzar todos mis planes y sueños. Realmente no entendía qué tenía que ver Dios con todo lo que deseaba alcanzar como artista.

Es precisamente esa mentalidad la que se ha apoderado de la manera en que vemos nuestras vidas. Vemos a Dios y a la Biblia como algo muy bonito para los domingos y les damos un lugar religioso en nuestras vidas para sentirnos buenas cristianas, pero no entendemos a cabalidad que nuestras vidas fueron compradas a precio de sangre por Jesucristo y que ya no nos pertenecemos (1 Cor. 6:20). Pensamos que las cosas de Dios son unas y las nuestras son otras. En lugar de someternos a la autoridad y la voluntad de Dios en todas las áreas de nuestras vidas, buscamos que Él se adapte a nuestra vida para que nada impida cumplir nuestras expectativas. Creamos tal separación de Dios y Sus planes que, cuando menos lo pensamos, llevamos vidas totalmente separadas de Él.

La Biblia dice que el pecado es muerte (Rom. 6:23) y hemos visto su consecuencia dolorosa en medio de la humanidad hasta nuestros días. Sin embargo, la voz tentadora de la serpiente que niega las palabras de Dios continúa haciendo eco en el mundo que nos rodea y sigue afirmando que no necesitamos a Dios, porque la verdadera vida se encuentra allí para nosotras. La sociedad y la cultura contemporánea nos tratan de convencer de que los nuevos caminos e ideologías sin Dios son para nuestro bien, para ser libres y para encontrarnos a nosotras mismas. Al igual que el pueblo de Israel, terminamos intentando tomar el control de nuestras vidas y buscar quien gobierne sobre nosotras fuera de Dios. Creemos que tomar estas decisiones nos dará libertad, sin darnos cuenta de que nos lleva directo al cautiverio.

Hacemos a un lado al Dios que nos ha creado y escogido por puro amor para intentar construir nuestro propio Edén dándole la espalda, desoyendo Su voz y creyendo neciamente que nos llevará a esa plenitud que tanto añoramos. La verdad es que tú y yo no tenemos control de nada y solo somos una pequeña parte de una historia mayor que Dios está escribiendo de principio a fin. No entendemos quién es Él y lo que ha hecho por nosotras. Nuestro error más grande es ir en pos de aquello que creemos que obtendremos por nosotras mismas, cuando solo Dios lo puede dar.

Los caminos y las promesas que contradicen la voz de Dios siempre llevarán al mismo lugar. Desde el comienzo de la historia, siempre han producido un resultado contrario a lo prometido. Es muy tentador tratar de alcanzar nuestros mayores anhelos, especialmente cuando todos a nuestro alrededor parecen estar haciendo lo mismo, pero el fin de los caminos alejados de Dios es la perdición, no solamente física, sino también la espiritual.

LA LLAVE DE MI CORAZÓN

Si te encuentras en un ciclo constante de insatisfacción y decepción, es probable que tengas ídolos en tu vida a los cuales les has entregado tu corazón. Cuando pensamos en la palabra «idolatría», automáticamente la solemos relacionar con imágenes o estatuas religiosas y culturas antiguas que tuvieron templos para albergar dioses creados por humanos. Tal vez la relacionamos directamente con ejemplos como el de los israelitas, que iban y se mezclaban con gente pagana y adoraban a sus dioses. Sin embargo, apenas hacemos a Dios a un lado y algo más toma Su lugar, eso se vuelve idolatría; es decir, veneramos algo que no es Dios y que ocupa Su lugar. Eso quiere decir que no tiene que tratarse de una imagen de madera a la que adoras, sino que quizás hayas hecho un ídolo de tu trabajo, de tu físico, de tu pareja, de ciertos ideales, amistades y la lista continúa con todo lo que ocupa el lugar del Señor en tu corazón.

Es muy fácil caer en la idolatría porque, tristemente, es demasiado común, y por eso mismo nos acostumbramos y nos es difícil ver que hemos caído en sus fauces. La idolatría se puede presentar en las áreas más comunes de nuestras vidas, áreas que quizás nunca se nos cruzaría por la mente que se pudieran convertir en una prioridad por encima de Dios. Estos ídolos pueden venir en una presentación tan agradable que no nos damos cuenta en lo que se convierten en nuestras vidas hasta que ya es muy tarde y nos hemos vuelto dependientes de ellos y hemos dejado de lado a nuestro Dios.

Recuerdo mi inocente y constante oración a Dios desde niña, cuando le hablaba de mi futuro esposo: «Dios, tú tienes la llave de mi corazón. Es tuya para entregarla a quién tú decidas». Entendía que iba a ser plena en el momento en que alguien viera valor en mí y decidiera amarme por el resto de la vida. Creía estar incompleta si no encontraba a esa pareja. Esta mentalidad y oración me acompañaron por años y no pasó mucho tiempo hasta que la desilusión, como ya les he contado, apareciera y me causara un gran dolor.

Cuando parecía que ese gran deseo estaba por volverse realidad, desaparecía y dejaba la huella de la amargura y el dolor en mi corazón. Con el paso del tiempo, dejó una marca profunda de decepción dentro de mí, lo cual me hacía aferrarme aún más a esa necesidad de encontrar a alguien. Estaba convencida de que el día en que encontrara a mi príncipe azul se desvanecerían todos mis problemas, lo cual me llevaba a seguir creyendo, aun si lo negaba, que no estaría plena hasta encontrarlo.

Durante mi proceso de ayuno, volví a orar las mismas palabras de cuando era niña, pero en esta ocasión, sucedió algo diferente. Mientras esas palabras salían de mis labios, entró una convicción fuerte en mí de que la llave de mi corazón ya la tenía quien la debía tener: ¡Dios mismo! En ese momento, hubo un despertar en mí como si me hubiera caído un balde de agua fría sobre la cabeza. Por muchos años había estado en la búsqueda de un amor que solamente podía encontrar en Él. Esto no significa que no encontramos amor en una pareja, en nuestra familia o amistades, sino que el mayor amor que satisface por completo y para siempre lo encontramos en el Señor. Al darme cuenta de esto, caí de rodillas pidiéndole perdón a Dios por minimizar Su gran amor y creer que necesitaba a alguien más para encontrar plenitud y satisfacción.

Ese fue mi caso específico, pero es solo un ejemplo de tantas otras cosas o personas a las cuales les queremos entregar la llave de nuestro corazón. La tentación de un paraíso construido conforme a nuestras expectativas es en ocasiones tan fuerte que no tardamos en perdernos. Ya que el resto del mundo vive de esta misma manera, no nos damos cuenta de cómo esto implica caminar en una dirección que nos aleja más y más de Dios. Como si fuera un espejismo en el desierto, vemos brillar a lo lejos ese sueño hasta el punto de que se convierte en el mayor afecto de nuestra devoción y termina esclavizándonos a vivir una vida en pos de algo que tan solo se desvanecerá cada vez que creemos alcanzarlo.

LOS ÍDOLOS DE NUESTRO TIEMPO

Existen tantos movimientos, ideales y presiones que nos distraen y nos presentan tantos caminos distintos, que no nos damos cuenta de que nos llevan a una dependencia de fuentes externas a Dios. Es triste decirlo, pero aun Sus hijas hemos quitado el enfoque de Su Palabra y hemos escuchado la voz milenaria de la serpiente llamándonos a dejar al Señor y creernos nuestros propios dioses. Jen Oshman dice: «Tal vez no nos demos cuenta de las maneras en las que estamos siendo entrenadas para estar hambrientas y sedientas de ídolos que nunca pueden satisfacer».[2] Por generaciones, hemos vivido de esta manera y ya no nos damos cuenta de que, muchas veces, aquello que deseamos es justamente

---

[2] Jen Oshman, *Enough about Me* (Wheaton, IL: Crossway, 2020), pág. 101.

la raíz de nuestra insatisfacción. Lo podemos ver, como les dije, en el ejemplo de mi oración por un esposo. Era esa expectativa incumplida la causante de mi decepción y amargura. Pero aun así, creía que esa expectativa sería la que sanaría lo que había causado y que al fin de cuentas lograría satisfacerme. Claramente, era un círculo vicioso sin fin.

Sin importar que tan cristianas creamos ser, no estamos exentas de las tentaciones que nos alejan cada vez más de Dios, ni del grave error de ignorar la Palabra de Dios para la dirección de nuestras vidas. Por eso es importante hablar de estos temas, darnos cuenta de lo que hemos estado haciendo mal y estar alertas, porque los ídolos de este mundo nos van llevando poco a poco a desviarnos del camino y, cuando menos lo pensamos, estamos perdidas. Esto es justamente lo que le pasaba al pueblo de Israel una y otra vez. Por eso, en una ocasión, Dios mandó un mensaje a Su pueblo a través de Moisés:

«Habla con los hijos de Israel, y diles que ellos y sus descendientes deben ponerse franjas en los bordes de sus vestidos. En cada franja de los bordes deben poner un cordón de púrpura. Esa franja les servirá para que, cuando la vean, se acuerden de poner en práctica todos mis mandamientos, y para que no se fijen en lo que ven o en lo que piensan, para que no se prostituyan. Les servirá para que se acuerden de todos mis mandamientos y los pongan en práctica, y se consagren a mí, su Dios». (Núm. 15:38-40)

Dios hablaba de prostituirse porque, cuando ellos iban tras los ídolos, el pueblo dejaba de serle fiel. Él había establecido un pacto que requería la obediencia de Israel, y el servicio a otros dioses era representado como una infidelidad matrimonial. Ellos ignoraban que eran un pueblo apartado y se comportaban de la misma manera que los demás. Dejaban de escuchar y obedecer a Dios para someterse a nuevas formas de vivir opuestas a lo que había establecido claramente en Su Palabra.

Me llama muchísimo la atención cómo fijarse en lo que veían o pensaban los otros pueblos idólatras los llevaba a quitar la mirada de la Palabra de Dios. Si ponemos atención, eso es lo mismo que sucedió en el Edén y es lo mismo que nos sucede hoy. No podemos confiar en nuestros deseos ni en lo que nos parece agradable y beneficioso. Buscar independencia de Dios y tratar de seguir nuestro corazón como lo dice el mundo siempre nos llevará a ir en contra de Su voluntad y directo a la esclavitud.

Por eso, el mandamiento de ponerse esas franjas visibles era para que no solo pudieran recordar, sino también obedecer los mandamientos establecidos por Dios. De la misma manera, tú y yo debemos ser intencionales en procurar tener la Palabra de Dios cerca en todo momento, porque lo cierto es que podemos desviarnos con facilidad cuando quitamos nuestro enfoque del Señor. Debemos tener cuidado de no entregar nuestra devoción absoluta a ningún rey humano, mucho menos creernos las reinas soberanas de nuestras propias vidas. Ningún ídolo o supuesto rey humano podrá darnos la satisfacción, el gozo y la paz que solo el Señor puede brindarnos. Es verdad, queremos un rey, pero ese rey se llama Jesucristo y es el Rey de reyes y Señor de señores (Apoc. 17:14).

Evidentemente, el pecado siempre se nos presentará de una manera agradable, lo cual hace difícil resistirlo, aun teniendo algún conocimiento de la Palabra de Dios. Esto es especialmente difícil cuando no entendemos la profundidad del pecado y sus consecuencias. Tener en claro la verdad de Dios y los efectos del pecado nos ayudará a resistir e identificar cuando nos encontremos bajo peligro. Pero es necesario primero verlo por lo que es y profundizar en todas aquellas maneras en las cuales nos ha perjudicado.

En el próximo capítulo, hablaremos del problema que va más allá del pecado de la idolatría y que afecta toda nuestra vida, incluyendo nuestra identidad, nuestra manera de vivir, la forma en que interpretamos la Palabra de Dios y lo que llegamos a conocer de Él. Al entender el origen de nuestros ídolos y desenmascararlos, podremos ver el valor de Cristo y Su suficiencia en nuestras vidas.

LA SED DE TU ALMA

Cuando nos entregamos y seguimos a ídolos, nuestra identidad termina siendo modificada, ya que se amolda a los principios de aquello que seguimos. Dejamos de vernos a la imagen que fuimos creadas y cambiamos nuestra apariencia con identidades que prometen darnos esa plenitud que buscamos. Las cristianas hemos dejado nuestra identidad como hijas de Dios para someternos y buscar los moldes que incentiva la cultura de estos tiempos.

Aunque podría escribir muchísimo sobre nuestra identidad y los ideales de este tiempo, quisiera tocar un tema específico, porque lo veo más y más en nuestras vidas y en la iglesia. Se trata de un movimiento que ha estado presente por años, pero ha tomado más fuerza en el presente. Me refiero al feminismo y el supuesto empoderamiento de la mujer. Este es un tema delicado y controversial y, aunque no profundizaremos en el tema, te pido que tengas un corazón abierto no solo para escuchar lo que tenga que decir, sino para que lo podamos ver a la luz de la Palabra de Dios.

Como hablamos en los capítulos pasados, la pérdida de enfoque, el deseo de tomar el control, la tentación, el pecado y los ídolos han jugado un papel principal en cada área de nuestras vidas, incluida nuestra identidad. Las mujeres hemos sido especialmente atacadas en nuestra identidad y hemos permitido que nuestra carne dirija la dirección en la que caminamos y las decisiones que tomamos.

La mujer ha experimentado diversos grados de opresión a lo largo de la historia. Este sentimiento de desigualdad tan injusta ha hecho que intentemos pelear ese pecado con más pecado. Lo que surgió como un poderoso movimiento que buscaba darle derechos e igualdad a la mujer, ahora lo vemos peleando una guerra de poder para demostrar que podemos ser iguales o más que un hombre, llegando al punto de decir que no lo necesitamos. Davis da una excelente explicación:

Adán fue creado antes que Eva (comp. 1 Cor. 11:8-9; 1 Tim. 2:13), y Eva fue creada como una compañera para Adán, una que lo complementara de manera adecuada. Otro movimiento de liberación que alude al texto bíblico es el de la mujer. Muchas de las quejas del movimiento son legítimas, pero también son culpables de extremismo, al tratar de resolver los problemas que existen. Artículos recientes han tratado de demostrar desde Génesis la igualdad completa y sin limitaciones entre ambos sexos. Supuestamente, sus autores apuntan a reestructurar el hogar y la sociedad en base a esto. Si somos sinceros, debemos admitir que sí hay una igualdad entre esposo y esposa, pero debemos continuar sosteniendo que también hay una cadena de autoridad bien definida. Esta cadena no existe porque los hombres sean superiores, sino porque Dios así la instituyó.[1]

Creo firmemente que Dios creó a la mujer con un propósito y valor que no podrá ser entendido mientras sigamos sumergidas en los movimientos ideológicos de nuestros tiempos. De alguna manera, hemos resistido el diseño de Dios porque lo resentimos a causa del pecado que ha distorsionado los papeles del hombre, la mujer y sus relaciones consecuentes. Nos peleamos con el diseño original porque no logramos ver más allá del caos del presente.

Estamos tan entrenadas y bombardeadas por todos lados con información sobre la opresión de la mujer y con la propagación de ideales con respecto a cómo debemos vivir y qué estilos de vida debemos desear, que comenzamos a creer y desear vivir en esa supuesta libertad. Debo admitir que por un tiempo me encontré totalmente peleada con la idea del sometimiento en el matrimonio. Me quería creer autosuficiente, me disgustaba la idea de ser ama de casa y actuaba con ese tipo de arrogancia que debería lucir una mujer moderna y emancipada. Lo que no admitía era que, muy en el fondo, me sentía rota y sin esperanza. Todo

---

[1] John J. Davis, *Paradise to Prison*, pág. 79.

61

funcionaba por fuera, pero había algo que no parecía correcto en mi interior. Recién cuando decidí leer la Biblia como la Palabra de Dios y sin meter voces externas, pude ver, comprender y abrazar ese diseño maravilloso y perfecto que Dios ha establecido para las mujeres.

PROMESAS SIN RESULTADO

Esos movimientos femeninos son solo algunas de las muchas propuestas con que el mundo pregona con fuerza su ofrecimiento de saciarnos si tan solo corremos por los caminos que la cultura contemporánea aprueba. En un intento de conseguir lo que ofrecen, hemos corrido por algunos de ellos, pero solo para encontrarnos en el mismo lugar del comienzo, con una profunda sensación de insuficiencia. Es necesario entender que lo que el mundo nos ofrece, lo publicita de una manera que se ve agradable para que lleguemos al punto de creer realmente que al vivir de ese modo seremos felices.

Nos ofrece soluciones para todo, pero son temporales. Como las hojas de higuera con las que Adán y Eva quisieron cubrir su vergüenza, también son insuficientes. ¿Inseguridades físicas? Cirugías, maquillaje y filtros. ¿Falta de validación? Interacciones de «Me gusta», seguidores y mostrar el cuerpo. ¿Decepciones amorosas? Autosuficiencia y empoderamiento. Aparentemente, nos quieren dar soluciones, pero solo nos desvían más y más, dejándonos finalmente abandonadas en un callejón sin salida.

No solamente eso, sino que también se nos ha empujado a creer que nosotras mismas podemos entregarnos esa plenitud que tanto anhelamos con amor propio. Debo admitir que he fallado en el pasado al promover el amor propio, porque creía que podemos llegar a ser esa fuente para nosotras mismas. La realidad es que la Biblia nos enseña que Dios es amor, que Jesús llamó a Sus discípulos a imitar el amor que Él les había demostrado y que no hay mayor amor que el que el Padre tiene hacia Sus hijos (1 Jn. 4:8; Juan 13:34; Rom. 5:8). Sin embargo, el mundo nos dice que lo encontraremos en nosotras mismas y que desde nosotras fluirá el amor para los demás, pero ¡qué tarea tan grande e imposible que solo nos destina al fracaso!

¿Pueden empezar a notar un patrón repetitivo? Se trata de promesas altamente promovidas y llenas de supuestas buenas intenciones que todas hemos probado de una manera u otra en algún momento, y que solo nos han dejado cansadas y frustradas. Por más que queramos seguir caminando en esas direcciones, como hemos sido totalmente cegadas por su aparente esplendor, no obtendremos los resultados ofrecidos con tanta publicidad.

La mejor manera que he encontrado para explicar la forma en que el enemigo obra para tentarnos con tanta información sesgada, ideales opuestos y movimientos con ofertas imposibles de cumplir, es compararlo con la industria de la comida rápida. Sin importar en el país en que vivas, estoy segura de que tienes algún tipo de restaurante de comida rápida cerca que tiene acceso a variedades de refrescos, papitas, fritos, dulces y todo tipo de comida «chatarra». Estos restaurantes están diseñados para que sean muy económicos, rápidos en el servicio y, más que nutritivos y saludables, muy agradables al paladar.

La realidad es que, por más «deliciosa» que sea este tipo de comida, no nos nutre ni beneficia en nada; hasta nos puede causar serios daños en nuestra salud a mediano y largo plazo. Esa comida es producida con ingredientes artificiales, cuyo único fin es darle un sabor sumamente atractivo y hasta adictivo. Muchas de nosotras sucumbimos y los consumimos, al punto de transformarlos en parte de nuestra dieta habitual. Hemos acostumbrado tanto nuestro paladar a desear ese tipo de comida que tendemos a evadir las opciones más saludables porque no nos otorgan esa misma experiencia.

En consecuencia, cuando tenemos hambre y alguien nos ofrece una ensalada, fruta, pollo a la parrilla o algo saludable por el estilo, pensamos: «¿Eso satisface mi hambre? No creo». Nuestro cuerpo lo rechaza y busca saciarse con lo que está acostumbrado a consumir, pero la verdad es que ese tipo de comida no sacia y uno vuelve a tener hambre con rapidez. Ya que esa comida es muy baja en nutrientes, tu cuerpo se afana pidiendo más y más de ese mismo tipo de comida. Eso quiere decir que, por más deliciosa que sea cierta comida, es un engaño que te puede saciar, ya que realmente está diseñada para ofrecerte nada más que un placer momentáneo.

De la misma manera, nos hemos acostumbrado a esas promesas del mundo, que al igual que la comida chatarra, solo nos provocan placeres momentáneos, porque están diseñadas para ser adictivas y atraernos a toda costa, sin darnos cuenta de que simplemente nos dejan hambrientas porque no sacian. Finalmente, comenzamos a vivir en dependencia a esas promesas sin resultado en un ciclo sin fin.

Los ídolos que seguimos suelen surgir porque hay una necesidad que buscamos saciar dentro de nosotras, pero la buscamos fuera de Dios. El Evangelio de Juan nos cuenta el encuentro de una mujer samaritana con Jesús que refleja justamente esta problemática de la que estamos hablando.

En una ocasión, Jesús estaba pasando por Samaria, y como estaba cansado de su travesía, se detuvo junto a un pozo. Mientras Él estaba ahí, una mujer se acercó para sacar agua, y Jesús decidió pedirle algo de beber. La mujer se sorprendió de que un judío le estuviera hablando, y se lo cuestionó. Jesús usó esa oportunidad para revelar Su identidad y la necesidad evidente de la mujer:

Jesús le respondió: «Si conocieras el don de Dios, y quién es el que te dice: "Dame de beber"; tú le pedirías a él, y él te daría agua viva». La mujer le dijo: «Señor, no tienes con qué sacar agua, y el pozo es hondo. Así que, ¿de dónde tienes el agua viva? ¿Acaso eres tú mayor que nuestro padre Jacob, que nos dio este pozo, del cual bebieron él, sus hijos y sus ganados?» Jesús le respondió: «Todo el que beba de esta agua, volverá a tener sed; pero el que beba del agua que yo le daré, no tendrá sed jamás. Más bien, el agua que yo le daré será en él una fuente de agua que fluya para vida eterna.» La mujer le dijo: «Señor, dame de esa agua, para que yo no tenga sed ni venga aquí a sacarla». Jesús le dijo: «Ve a llamar a tu marido, y luego vuelve acá». La mujer le dijo: «No tengo marido».

Jesús le dijo: «Haces bien en decir que no tienes marido, porque ya has tenido cinco maridos, y el que ahora tienes no es tu marido. Esto que has dicho es verdad». (Juan 4:10-18)

Donde al comienzo parecía existir una sed física, resultó haber, en realidad, una sed espiritual, una necesidad profunda que no podía ser saciada por ninguna fuente. Quizá en ese momento tenía sed de agua porque fue al pozo para obtenerla, pero su vida reflejaba que había un vacío que intentaba llenar con el afecto de un hombre. Fue durante esa necesidad evidente que Jesús se presentó como esa agua viva que sacia por completo y para siempre porque es más que suficiente.

Jesús le dijo a esa mujer que tenía un agua que saciaría para siempre a aquel que la bebiera. Si nosotras, como hijas de Dios, nos encontramos buscando satisfacer nuestra sed en pozos de agua que no sacian y nos decepcionamos y desilusionamos con la vida, entonces ¿dónde hemos dejado el agua viva que ofrece Jesús? ¿Será que aun las áreas humanas más comunes también deben ser saciadas solo por Dios? ¿Por qué seguimos corriendo en las mismas direcciones que ya hemos probado que no sacian?

EL ESPEJISMO DE LIBERTAD

Dentro de esas promesas vacías, también hay un común denominador, algo que resuena entre líneas, y es la promesa de libertad. Deseamos ser libres de la opresión, las inseguridades, las limitaciones económicas, libres para ser y hacer lo que desee nuestro corazón. El mundo a nuestro alrededor nos permite ver cómo las personas creen realmente ser libres al poder decidir lo contrario sobre temas que Dios ya ha establecido por milenios, pero ¿realmente son libres viviendo así? ¿Podemos encontrar libertad de esa manera?

Los caminos fuera de Dios son caminos creados por el ser humano y derivados del pecado. El mismo pecado que causó la separación de Dios y trajo vergüenza, maldición, muerte y un mundo distorsionado es el que te quiere decir cómo vivir y alcanzar paz y bienestar. Por eso debes tener presente que cometemos un grave error al separar en una categoría las cosas que tienen que ver con Dios y en otra las cosas que tienen que ver con nuestras vidas. Lo que debemos hacer es reconocer que todo tiene que ver con Dios, porque si no lo hacemos, no vemos que las consecuencias del pecado continúan afectando nuestro alrededor. Si no nos damos cuenta de esa realidad, terminaremos viviendo en esclavitud y no en la libertad tan prometida. Pablo nos pregunta:

¿Acaso no saben ustedes que, si se someten a alguien para obedecerlo como esclavos, se hacen esclavos de aquel a quien obedecen, ya sea del pecado que lleva a la muerte, o de la obediencia que lleva a la justicia? (Rom. 6:16)

Si te sientes insatisfecha y hasta decepcionada es porque vivimos en un espejismo de libertad que realmente es una completa esclavitud, porque lo que no es servicio a Dios es simplemente servicio al pecado. Lo que pensamos que nos otorgará felicidad y satisfacción es solo una trampa esclavizante a patrones y comportamientos opuestos a Dios y Su Palabra. Pero como nos hemos acostumbrado a su sabor y nos hemos vuelto adictas, cuando volteamos a ver las palabras de David —«El Señor es mi pastor; nada me falta» (Sal. 23:1)—, esa convicción bíblica sabe a religión y se nos hace incomprensible en su aplicación real en toda nuestra vida.

Admitamos que hemos sido engañadas con ideales y movimientos que van en contra de la Palabra de Dios. Cantamos que «somos libres en Cristo», sin darnos cuenta de que no estamos caminando en la libertad que Él nos otorga, sino en la esclavitud del pecado. Nos hemos ahogado en un egoísmo y egocentrismo promovidos por el mundo, en lugar de obtener las alas prometidas para los que confían en el Señor. Ya no levantamos vuelo como las águilas, sino que estamos atrapadas y enjauladas en la cárcel de la cultura contemporánea.

DEJEMOS LAS HOJAS DE HIGUERA

Con tantos filtros y soluciones temporales, nos hemos acostumbrado a fingir que estamos bien. Miramos a nuestro alrededor y pareciera que todas tienen una vida perfecta. Y, como eso es lo que anhelamos en nuestras vidas, entonces ocultamos nuestras luchas, cargas, limitaciones, heridas, dolor e insuficiencia para que nadie se dé cuenta de que nos caemos a pedazos. Quiero que sepas que las luchas a las que te enfrentas son más comunes de lo que crees y que no eres la única que parece no estar viviendo con el brillo que muestran las redes sociales.

También yo me he encontrado participando en esa farsa de fingir estar bien. Recuerdo hace un tiempo que me enfermé y le decía a Jaasiel (mi futuro esposo) que siempre que me sentía mal, ya fuera de salud o emocionalmente, me bañaba, perfumaba, arreglaba y me decía a mí misma que estaba bien. Para mi sorpresa, su respuesta fue: «O sea, te estás mintiendo». Al comienzo no entendía qué me quería decir, pero después de una conversación un tanto intensa, fui confrontada con una realidad que nunca había considerado.

Me había acostumbrado tanto a la frase *«fake it until you make it»* (finge hasta que lo logres), que llegué a pensar que estaba bien vivir de esa manera. En lugar de admitir que no estaba bien y lidiar con el problema, seguía poniendo parches temporales que realmente no arreglaban nada, especialmente en los asuntos de mi interior. En ocasiones, hacemos esto por mera ignorancia o por un problema de orgullo que nos impide reconocer que estamos rotas y perdidas. Sin embargo, debemos llegar al fin del «yo» y reconocer que no estamos bien y que necesitamos ser rescatadas de nosotras mismas.

Ha sido necesario hablar de cómo todo es resultado del pecado y de sus efectos en nuestras vidas para ver la insuficiencia de nuestras decisiones y la necesidad que tenemos de dejar de mirarnos a nosotras mismas. Hay un problema real al cual nos enfrentamos día a día, que si no lo comprendemos en su totalidad, terminaremos comprando las soluciones baratas y poco saludables del mundo. Eso produce una profunda confusión en nuestras vidas espirituales.

Debemos reconocer que Dios es el Señor de nuestras vidas y dejar de esforzarnos para construir un mundo y una identidad propios. Si algo nos ha demostrado la historia y nuestros propios resultados es que nuestros intentos de autosuficiencia e independencia de Dios siempre producen ataduras. Lo cierto es que, como hijas de Dios, hemos sido cegadas a la verdad y suficiencia del sacrificio de Jesús que nos lleva a ver que la verdadera vida, libertad y plenitud se encuentran únicamente en Dios.

Ha llegado el momento de que entendamos y aceptemos que cualquier promesa de plenitud fuera de Dios es imposible. Un mundo caído y lleno de pecado no puede dar lo que solamente el Creador puede entregar a Su creación. Dejemos nuestras hojas de higuera en el suelo y pidámosle a Dios que nos abra los ojos para poder vernos como Él nos ve y verlo a Él por lo que es y hace, y no por lo que nos gustaría que fuera e hiciera. Lo que quiero decir es que, en tantas ocasiones, por los mismos afanes de construir nuestro Edén perfecto, nos acercamos a Dios y a Su Palabra de una manera errónea, buscando nuestros beneficios y ser servidas por Dios. Esa actitud equivocada hace que sea imposible entender y vivir Su plenitud.

Aunque las mentiras de que no moriremos si seguimos caminos equivocados continúan y siguen siendo muy populares y seguidas por multitudes, hay una promesa, aún más resonante, que nos dice que podemos obtener vida eterna, que no pereceremos y que encontraremos libertad, pero no por nuestros propios medios, sino al poner nuestra fe en Jesús. Antes de pasar al siguiente capítulo y entrar a las profundidades del sacrificio de Jesús y lo que significa en nuestras vidas, quisiera terminar haciendo la misma oración que hizo Pablo por los de la iglesia en Éfeso:

... para que por la fe Cristo habite en sus corazones, y para que, arraigados y cimentados en amor, sean ustedes plenamente capaces de comprender, con todos los santos, cuál es la anchura, la longitud, la profundidad y la altura del amor de Cristo; en fin, que conozcan ese amor, que excede a todo conocimiento, para que sean llenos de toda la plenitud de Dios. (Ef. 3:17-19)

AMOR REDENTOR

EL PECADO

Dios es santo, perfecto y justo; no hay pecado en Él. Desde el jardín del Edén, estableció lo que era aceptable y lo que no era agradable delante de Sus ojos. El pecado llega cuando se transgrede lo que Dios ha establecido. La sociedad y la cultura promueven y aprueban conceptos como: «Eso no es tan malo; hice algo que era no tan bueno, pero mis intenciones eran buenas». De esa manera, clasificamos y evaluamos nuestra maldad de acuerdo con los estándares del mundo, y no según los de Dios, para que nos podamos sentir buenas (Isa. 5:20). Nuestros estándares son diferentes a los de Dios. Sin embargo, ante los ojos de Dios y lo que ha establecido, fallar en uno solo de Sus mandamientos es equivalente a haber transgredido la ley completa (Sant. 2:10). Lo que quiero decir es que delante de Dios

73

no hay personas un poco buenas o un poco malas; solo existe la maldad y la santidad.

Con frecuencia, podemos llegar a pensar de manera errónea que el pecado es únicamente aquello que «suena muy malo», como matar, adulterar, robar y todo aquello que en este mundo también se pudiera considerar malo o dañino. Sin embargo, el pecado va más allá de aquello que nuestra sociedad condene moralmente. Debemos recordar que Dios habló y estableció la manera en la que era aceptable vivir desde el comienzo de los tiempos. Ya vimos cómo Adán y Eva fueron instruidos para realizar ciertas tareas en el Edén y también se les prohibió comer del fruto de un solo árbol. Podríamos considerar que no era tan grave que hayan comido del fruto prohibido. Quizá lo podríamos evaluar como un acto menor en comparación con lo que posteriormente sucedió con el asesinato de Abel. Sin embargo, como Dios el Creador había establecido una ley, la gravedad de la acción era igual de significativa, porque era un acto desafiante de desobediencia al Señor todopoderoso.

Ahora, el pecado no es solamente acciones específicas de desobediencia al Señor, sino que también tiene consecuencias contaminantes con efecto dominó. Es como lo que sucede con una manzana podrida que se deja con manzanas sanas. Aunque solo una manzana esté podrida, las demás comenzarán también a sufrir la podredumbre poco a poco, hasta que todas terminen contaminadas. Desde el mismo momento en que cayeron Adán y Eva en pecado, el pecado nunca ha cesado de tener un efecto devastador en el resto de la creación. Los resultados del pecado se pueden ver en los deseos perversos del corazón, la envidia, el egoísmo, la imprudencia, la mentira, las inseguridades, la ansiedad, la crítica, el chisme y muchos otros aspectos que consideramos inherentes al ser humano. Esto es lo que Santiago nos dice con respecto al pecado y la tentación:

Cuando alguien sea tentado, no diga que ha sido tentado por Dios, porque Dios no tienta a nadie, ni tampoco el mal puede tentar a Dios. Al contrario, cada uno es tentado cuando se deja llevar y seducir por sus propios malos deseos. El fruto de estos malos deseos, una vez concebidos, es el pecado; y el fruto del pecado, una vez cometido, es la muerte. (Sant. 1:13-15)

Puedo ver tres partes que nos ayudarán a entender un poco más la realidad del pecado. En primer lugar, el pecado no nace de Dios. Como ya mencioné, tenemos un Dios santo; no existe maldad o pecado en Él. Si hubiera pecado en Dios, eso contradeciría Su carácter y esencia. El pecado no es algo que Dios provoca en nuestros corazones. En el momento de la caída de Adán y Eva, el pecado se volvió automáticamente parte de la humanidad.

En segundo lugar, ese mismo pecado que ahora habita en nosotras nos lleva a ser tentadas y seducidas por nuestros propios deseos pecaminosos. Aunque todas somos pecadoras y hay pecado en nosotras, cada una tiene diferentes debilidades que son evidenciadas a través de la tentación. Hay personas que tienen luchas con la pornografía, el alcohol, la gula, la crítica, la avaricia y muchas otras perversiones que son contrarias a la santidad de Dios. Nuestra manera de vivir nace de esos malos deseos y comenzamos a actuar bajo esas influencias.

Finalmente, el resultado de caer en tentación es el pecado. Sin embargo, que seamos tentadas no significa necesariamente que caigamos. Por un lado, la tentación se puede presentar, pero si no cedo ante mis deseos, entonces tengo victoria sobre la tentación. Por otro lado, si cedo ante esos deseos, entonces estaré pecando. El resultado de sucumbir a la tentación es el pecado, y la paga del pecado, según las Escrituras, es la muerte (Rom. 6:23).

MUERTOS EN VIDA

La muerte, como resultado del pecado, nos hace recordar que Dios fue sumamente claro cuando les dijo a Adán y Eva que morirían si desobedecían (Gén. 2:17). Aunque la muerte física sería realmente una consecuencia inescapable de su pecado, su presencia no llegó de inmediato. Por el contrario, la muerte espiritual sí era el efecto inmediato que experimentarían por igual todos los seres humanos, junto con otras consecuencias en esta tierra. A veces, relacionamos la muerte solo con el pasar la eternidad en el infierno, una idea que puede hacernos ignorar las consecuencias experimentadas por el pecado en esta tierra y que tienen un efecto directo en la eternidad.

Aunque el pecado tiene su consecuencia definitiva en la eternidad, tenemos que entender que día a día vivimos las consecuencias de nuestra naturaleza pecaminosa en esta tierra. Ya sea porque hay personas que no conocen de Jesús y viven de espaldas al Señor y sin esperanza, o por el simple hecho de vivir en un mundo gobernado por el pecado, donde tenemos que lidiar con las consecuencias del pecado como la enfermedad, la muerte, las luchas internas, los problemas familiares y todo lo malo que podemos experimentar en esta tierra.

Algunas de esas consecuencias pueden ser evadidas o solucionadas. Nuestro estilo de vida nos llevará a vivir determinadas situaciones que serán más complicadas o fáciles de solucionar. Aunque algunas de ellas se ven como si fueran de vida o muerte, la realidad es que nunca serán tan graves cuando las vemos a la luz de la eternidad. Para cada uno de los problemas experimentados en esta tierra, de seguro es posible encontrar algún tipo de solución. Sin embargo, hay una consecuencia del pecado para la cual no es tan sencillo encontrar solución. Me refiero a la muerte espiritual.

De seguro han conocido a personas que no se reconocían como cristianas, pero cuando enfrentaron alguna situación complicada, de inmediato pidieron oraciones, ellas mismas oraban llamando a Dios Padre y creían tener un acceso a Dios porque pensaban que Dios es bondadoso. Claro que Dios es bueno, pero Él sigue siendo santo y nosotras pecadoras separadas de Su presencia. Hay una separación entre Él y nosotras porque el pecado y la desobediencia nos enemistan con Dios, nos destituyen de Su gloria y nos impiden vivir en comunión con Él. El pecado nos deja muertas en vida y nos hace esclavas, nos condena a vivir sin una esperanza terrenal ni eterna porque somos enemigas de Dios.

Cuando vemos y escuchamos algo con frecuencia, se nos vuelve muy familiar. Esa familiaridad nos hace llegar a perder el asombro y se convierte en algo normal y automático en nuestras vidas. Es triste decirlo, pero creo que esa pérdida de asombro ha sucedido en la vida de muchas cristianas. Consideramos, por ejemplo, la cruz como algo bonito que usamos en joyería, playeras, tatuajes y decoraciones, pero que, por su familiaridad, hemos perdido de vista lo que realmente significa. El día que leía el Salmo 23 y meditaba en las palabras resonantes de David, «El Señor es mi pastor; nada me falta», fue el momento en que vi y entendí la cruz por lo que realmente es, porque pude ver que más que todo lo que pensaba necesitar, ya había recibido algo de mayor valor y que nadie me podía quitar jamás.

Dentro del vocabulario cristiano y de la iglesia, es común decir: «Jesús es el Cordero de Dios, gracias por la cruz, soy salva porque Jesús murió por mí, Jesús tomó mi lugar». Estas y otras frases suenan correctas a nuestros oídos, pero no entendemos lo que decimos. Tenemos algún tipo de conocimiento general, pero no lo comprendemos en su totalidad. Debo admitir que yo misma me encontré en esa posición por mucho tiempo. Sabía que Jesús había muerto por mis pecados, pero realmente no entendía la profundidad de la razón que hacía necesario un sacrificio, por qué Jesús había muerto por mí y cómo eso afectaba toda mi vida.

Creo firmemente que lo que en realidad nos ha impedido gozarnos en la salvación que hemos obtenido por Cristo y entender su suficiencia radica en que evitamos hablar del pecado. Preferimos ignorar el tema porque hablar del pecado y sus consecuencias nos puede dejar en una aparente falta de esperanza y condenación. Por eso tratamos de minimizar nuestra maldad para no sentirnos culpables. Evitar hablar del pecado impide que logremos entender la necesidad más grande que tenemos y que no puede ser saciada con nada que ofrece este mundo. Marcos nos habla de esto a través de un acontecimiento en la vida de Jesús:

Algunos días después, Jesús volvió a Cafarnaún. En cuanto se supo que estaba en la casa, se juntó mucha gente, de manera que ya no cabían ni aun a la puerta, mientras él les predicaba la palabra. Llegaron entonces cuatro hombres que cargaban a un paralítico. Como no podían acercarse a Jesús por causa de la multitud, quitaron parte del techo donde estaba Jesús, hicieron una abertura, y por ahí bajaron la camilla en la que estaba acostado el paralítico. Cuando Jesús vio la fe de ellos, le dijo al paralítico: «Hijo, los pecados te son perdonados». (Mar. 2:1-5)

Este paralítico tenía una necesidad física que era demasiado obvia. Él y sus amigos estaban dispuestos a todo por un milagro que devolviera la movilidad a su amigo. Es posible que pensaran que eso lograría resolver el problema que evidentemente le impedía vivir una vida plena. Es posible que, para ellos, la discapacidad fuera la única fuente de sus dificultades y quizás lo único que necesitaba sanar para tener una vida mejor. Sin embargo, lo primero que hace Jesús no es sanarlo, sino perdonar sus pecados.

Me encanta esta historia porque revela la necesidad más grande que hay en nosotras.

Como hemos venido hablando, tantas veces vivimos ahogadas en lo que creemos necesitar en esta tierra para encontrar plenitud, felicidad y satisfacción. Esto puede ser algo físico como en el paralítico, apoyo emocional como en la mujer samaritana o la seguridad de las riquezas como en el joven rico. Solemos ir delante de Dios con la lista de peticiones y expectativas, creyendo que lo que pedimos es lo máximo que el Señor podría hacer por nosotras. Pero Él nos ofrece algo mucho más grande que no se compara con nada en el mundo. Estoy hablando del perdón de nuestros pecados.

¿Son absolutamente conscientes de lo que el pecado produce en nosotras? Estamos muertas en vida, condenadas a muerte, bajo la esclavitud del pecado, en enemistad con Dios, sin esperanza y sin poder hacer nada para vencer al pecado y sus consecuencias por nosotras mismas. La única solución para nuestro pecado es a través del sacrificio de Jesús. Sin embargo, no logramos ver cabalmente qué significa la muerte y la resurrección de Cristo por lo que es en realidad. Por lo tanto, seguimos ignorando el milagro eterno que nos ha dado y solo le pedimos que nos dé nuestro milagro momentáneo y terrenal. Insistimos en encontrar esperanza en un mundo gobernado por el pecado que nos esclaviza. Por eso seguimos cansadas y frustradas, porque buscamos satisfacer necesidades terrenales que nunca sacian, en lugar de vivir bajo la suficiencia de la obra de Cristo y desde la perspectiva de la eternidad.

Las emociones que procesé durante mi tiempo de ayuno fueron tristeza, decepción y frustración. Conforme iba entendiendo lo que decía la Biblia con respecto a esas emociones, lo que quedó en evidencia fue la realidad de que había estado poniendo mi esperanza en los lugares equivocados. Cuando eso que buscaba fallaba, entonces terminaba con ese resultado negativo que oscurecía mi alma. Estaba más que claro que había quitado mi enfoque de Dios y que no lograba entender la suficiencia de la cruz en mi vida. Por lo tanto, seguía corriendo detrás de esperanzas vacías.

Hemos visto cómo el pecado ha afectado el mundo y nuestra manera de vivir, al igual que sus consecuencias. Es importante tener esto en claro para ver al pecado por lo que es y así también lograr comprender todo lo que ha sucedido en nuestras vidas. Muchas veces seguimos sedientas porque bebemos de las fuentes equivocadas y vamos tras ídolos porque no hemos comprendido por completo el mayor milagro que ya hemos recibido.

Hay algo que se conoce como El camino de Romanos a la salvación, que se usa con frecuencia para presentar el evangelio. Me gustaría que juntas podamos ir por este camino leyendo cada uno de los pasajes y profundizando su significado para nuestras vidas.

Por cuanto todos pecaron y están destituidos de la gloria de Dios. (Rom. 3:23)

Como he mencionado, tendemos a minimizar nuestro pecado por miedo a la condenación y usamos estándares humanos para calificar nuestra supuesta santidad. Sin embargo, este pasaje nos muestra la realidad de nuestra condición. Ante los ojos de Dios que es perfecto, santo y justo, no somos buenas, hemos pecado y, en consecuencia, estamos alejadas de Dios. No puede haber relación, intimidad ni comunión entre un Dios santo y un ser humano pecador. Aparte de la separación misma, hay una consecuencia inevitable del pecado:

Porque la paga del pecado es muerte, pero la dádiva de Dios es vida eterna en Cristo Jesús, nuestro Señor. (Rom. 6:23)

Dios ha establecido que la consecuencia del pecado es la muerte. En este pasaje, usa la palabra «paga» para hacer notar que se trata de algo merecido. Como cuando recibes tu salario en un trabajo; no se trata de algo regalado o producto de la buena voluntad de tus empleadores, sino que has realizado una tarea que merece un pago. Esto quiere decir que, como pecadoras, somos merecedoras de la muerte.

Hasta este punto, todo parece malas noticias y desesperanza. No podrá haber buenas noticias sin antes recibir las malas. Es importante entender la gravedad de nuestro pecado para así reconocer el valor de la salvación. La segunda parte de ese pasaje usa ahora la palabra «dádiva». En contraste con un pago que se gana, la dádiva es algo regalado que no se gana con méritos ni se merece. Esto quiere decir que nosotras, por más que merecíamos muerte eterna por nuestro pecado, recibimos de parte de Dios vida eterna a través de Jesús por Su sola gracia. Pero ¿cómo se obtiene?

Si confiesas con tu boca que Jesús es el Señor, y crees en tu corazón que Dios lo levantó de los muertos, serás salvo. (Rom 10:9)

Esto es algo que podría sonar demasiado loco para ser verdad. Dios te pide que creas y que confieses que Jesús es el Señor, quien murió y resucitó. Solo te pide que pongas tu confianza en Él y así obtendrás salvación. Muchos siguen debatiendo que la salvación depende de nuestros méritos, pero si esto fuera así, entonces la salvación sería una «paga» y no una «dádiva». Lo que sí es verdad y que trataremos más adelante, es que una verdadera salvación produce fruto. Es decir, aunque las obras no nos otorgan salvación, una fe verdadera en Cristo producirá obras porque ahora vivimos una vida fructífera en Cristo.

Así, pues, justificados por la fe tenemos paz con Dios por medio de nuestro Señor Jesucristo. (Rom 5:1)

Debido a que Jesús caminó en esta tierra, cumplió la ley a la perfección y tomó nuestro lugar, ahora podemos tener paz con Dios. Nuestro pecado nos tenía en enemistad con Dios, Su ira apuntaba hacia nosotras y éramos culpables delante de Él. Pero Jesús cargó con nuestro pecado y sufrió lo que nos correspondía. De esa manera, satisfizo la ira de Dios, por medio de Su sacrificio nos justificó delante de Dios y Su ira ya no apunta a nosotras, sino que ahora hay paz entre Él y nosotras.

Por tanto, no hay ninguna condenación para los que están unidos a Cristo Jesús, los que no andan conforme a la carne, sino conforme al Espíritu. (Rom. 8:1)

No solo estamos justificadas, sino que ya no hay condenación alguna en nuestras vidas. Yo siempre luché al comienzo de mi vida cristiana con un sentimiento de indignidad frente al perdón de Dios y de sentirme verdaderamente libre de la condenación. La realidad es que sí, soy indigna de Su perdón, no merezco Su gracia, pero a Él le ha placido entregarme esa dádiva por quién es Él, no por quién soy yo. No hay nada que tú o yo podamos hacer para ganar el perdón de Dios; solo es posible por Su gracia a través del sacrificio perfecto de Jesús que fue suficiente para darnos una vida nueva (Heb. 9:11-14).

Por lo cual estoy seguro de que ni la muerte, ni la vida, ni los ángeles, ni los principados, ni las potestades, ni lo presente, ni lo por venir, ni lo alto, ni lo profundo, ni ninguna otra cosa creada nos podrá separar del amor que Dios nos ha mostrado en Cristo Jesús nuestro Señor. (Rom. 8:38-39)

¡Cuán profundo amor tiene Dios por nosotras! No puedo evitar emocionarme y derramar lágrimas cuando pienso en lo que Dios ha hecho por mí. Aunque tengo certeza de mi salvación, me es inevitable ver con frecuencia mis limitaciones, mi pecado y mi insuficiencia. Cada lucha interna, afán terrenal y todo aquello que brota en mi vida suele frustrarme, decepcionarme y hacerme perder la esperanza. Pero esos sentimientos me hacen volver mis ojos a la cruz y maravillarme una vez más ante el amor redentor con el que Dios me ha amado. Encuentro descanso al meditar en Su sacrificio, encuentro seguridad al entender que no hay nada que me pueda separar de Su amor (Rom. 8:38-39).

La salvación no termina solo con la seguridad de vida eterna. La salvación en Cristo también tiene un efecto en esta tierra al pasar de muerte a vida y recibir en Cristo una nueva vida diferente a la que vivíamos (2 Cor. 5:17). Como hablamos desde el comienzo, aun siendo cristianas, muchas veces vivimos en una insatisfacción profunda. La razón es que seguimos viviendo conforme a nuestra vieja vida, bajo los patrones y presiones del mundo y no bajo la luz y la vida de Jesús. En el próximo capítulo, veremos cómo esta nueva vida en Cristo tiene un impacto en nuestra identidad y, en consecuencia, debería también influenciar y transformar nuestra manera de vivir actual.

VERDADERA IDENTIDAD

Diversas frustraciones que experimentamos en esta tierra están ligadas directamente a nuestra identidad. Hemos creado expectativas y anhelos de lo que debemos ser y de cómo nuestras vidas se deben desenlazar, y a la luz de eso nos identificamos. Desde pequeñas, escuchamos que tenemos el poder en nuestras manos de ser y hacer lo que queramos, y aunque cada día tomamos decisiones que impactan nuestras vidas, no fuimos autocreadas; hay un Creador y una autoridad sobre nuestras vidas.

Bajo esa mentalidad, se han formado diversos estilos de vida que son promulgados en nuestra sociedad, y más que nunca en estos tiempos, hay movimientos que mencioné en capítulos anteriores que nos quieren hacer creer que podemos llegar a la

87

autosuficiencia, que amándonos a nosotras primero es como lograremos sentirnos completas, que debemos cuidarnos y priorizarnos para entonces poder estar bien, y ponen un enfoque totalmente en el «yo». Así, nos hacen creer que realmente tenemos la última palabra sobre nuestras vidas.

Como creyentes, no estamos exentas de caer en estas trampas y creer que descubriremos nuestra identidad a la luz del mundo. Hemos vivido acostumbradas a estas voces, de manera que las hemos llegado a normalizar. Por esto mismo es importante que conozcamos y entendamos nuestra identidad en Cristo para aprender a mantenernos firmes ante las tentaciones que vengan a nuestras vidas. Será de esta manera que podremos caminar contra la corriente.

En lo personal, por muchos años luché con mi autoestima e intenté solucionarlo con ciertas amistades, vida amorosa, ser segura de mí físico, mis éxitos y todo aquello que el mundo dice que me da valor. El problema es que nada de eso parecía ser suficiente, y era como buscar seguridad en una casa de cartón en medio de una fuerte tormenta. Siempre había alguien más popular, bonita, con una mejor vida, con algún otro estándar ante el cual yo quedaba corta y, en consecuencia, mi identidad era inestable y dependiente totalmente de factores cambiantes.

Tristemente, como cristianas, muchas veces luchamos de la misma manera que lucha el mundo por no tener claridad de quiénes somos en Cristo. Esto lo podemos descubrir únicamente a través de las Escrituras, y es crucial que lo identifiquemos. Una de las principales razones por las cuales es importante entender nuestra identidad a la luz de la Palabra es que nos podemos anclar a esas verdades y no caer cuando las promesas del mundo fallan, ya que nuestra esperanza no está en ellas. Al momento de creer en Jesús y ser salvas, nuestra vida entera cambia y eso incluye nuestra identidad. Pablo afirma lo siguiente:

Bendito sea el Dios y Padre de nuestro Señor Jesucristo, que en Cristo nos ha bendecido con toda bendición espiritual en los lugares celestiales. En él, Dios nos escogió antes de la fundación del mundo, para que en su presencia seamos santos e intachables. Por amor nos predestinó para que por medio de Jesucristo fuéramos adoptados como hijos suyos, según el beneplácito de su voluntad. (Ef. 1:3-5)

Nuestra identidad va más allá del concepto terrenal que solemos tener. Este pasaje nos dice que si tú y yo somos salvas, es porque Dios así lo dispuso desde antes de la fundación del mundo. Es decir que no somos nosotras las que lo escogemos, sino que a Él, por Su propia voluntad, le plació escogernos y salvarnos. ¿No es increíble? Tantas veces buscamos ser aceptadas por el mundo y cuando no es así, tomamos ese rechazo y lo hacemos parte de quiénes somos e ignoramos la verdad tan increíble de que hemos sido escogidas por Dios y ahora somos suyas. De esa verdad se comienza a desenlazar una nueva identidad en nosotras.

ADOPTADA

Al momento de ser escogidas y salvas, también somos adoptadas en la familia de Dios, ¡lo cual nos convierte en Sus hijas! En el capítulo anterior, mencioné cómo algunas personas en ignorancia oran refiriéndose a Dios como Padre sin entender que no todos son Sus hijos. Aunque cada ser humano es creación de Dios, solo algunos tienen ese hermoso privilegio de ser hijos, ya que la adopción a la familia de Dios es mediante el sacrificio de Jesús únicamente. Sin él, vivimos como esclavas a este mundo y al pecado; es mediante Su sacrificio que pasamos de esclavas a hijas de Dios:

Así también nosotros, cuando éramos niños, vivíamos en esclavitud y sujetos a los principios básicos del mundo. Pero cuando se cumplió el tiempo señalado, Dios envió a su Hijo, que nació de una mujer y sujeto a la ley, para que redimiera a los que estaban sujetos a la ley, a fin de que recibiéramos la adopción de hijos. Y por cuanto ustedes son hijos, Dios envió a sus corazones el Espíritu de su Hijo, el cual clama: «¡Abba, Padre!» Así que ya no eres esclavo, sino hijo; y si eres hijo, también eres heredero de Dios por medio de Cristo. (Gál. 4:3-7)

Miren cuánto nos ama el Padre, que nos ha concedido ser llamados hijos de Dios. Y lo somos. El mundo no nos conoce, porque no lo conoció a él. (1 Jn. 3:1)

Contempla esas verdades tan poderosas y permite que sean referentes constantes en tu vida. Por mucho tiempo, estaba tan acostumbrada a escuchar que gente le dijera «Padre» a Dios que realmente nunca había entendido qué locura era eso. Al leer las Escrituras, podemos notar que no era algo practicado por Israel; de hecho, era uno de los muchos conflictos que tenían con Jesús.

Ellos, en su ignorancia de quién era Jesús, pensaban que Él blasfemaba al llamarse Hijo de Dios, y era una de las razones por las cuales querían matarlo (Juan 19:7).

En esos tiempos, nadie llamaba «Padre» a Dios; sin embargo, podemos ver que cuando Jesús enseña a orar a Sus discípulos, les otorga igualmente a ellos el privilegio de llamar Padre a Dios, de la misma manera que Él lo hacía (Mat. 6:9-13). Es evidente que, aunque diversas personas llaman a Dios Padre, no a todos se les ha dado ese privilegio. Pero ahora, si ya eres salva, pasas de ser únicamente creación de Dios a ser hija del Dios viviente.

Al entender este hermoso privilegio y regalo, podemos abrazarlo como nuestra identidad. Muchas veces, buscamos conseguir ciertos títulos terrenales que, para ser sinceras, están vacíos y no tienen sentido, y ya hemos visto cómo solo nos esclavizan y nos dejan en el mismo lugar. Cualquier ideología que el mundo te quiera dar con respecto a tu identidad es cambiante y condicional. Un día eres aceptada y al otro no. Ahí es donde constantemente nos quedamos atoradas en luchas emocionales y existenciales, porque no logramos llegar a una estabilidad. Pero en esta verdad podemos descansar porque, sin importar la temporada de nuestras vidas, si nuestros mismos padres nos han rechazado, si ante la sociedad no tenemos valor, podemos creer en la verdad de que Dios nos ha escogido, que nos ama y nos ha adoptado. Eso significa que ya no pertenecemos a este mundo; hemos pasado de ser ciudadanas del mundo a ser ciudadanas del cielo:

Pero nuestra ciudadanía está en los cielos, de donde también esperamos al Salvador, al Señor Jesucristo. (Fil. 3:20)

Aunque esas verdades que acabamos de leer son maravillosas, algo que he notado con frecuencia es que a veces batallamos a la hora de realmente abrazar y creer nuestra identidad en Cristo, porque nos sentimos indignas de Su perdón. Escuchamos sobre el sacrificio de Jesús y todas estas verdades de que nos escogió, nos ama, nos redime, nos adopta y todo lo que conlleva Su sacrificio, pero sigue habiendo algo que no nos deja realmente estar en paz.

La verdad es que la gracia y la misericordia de Dios son tan grandes que nos cuesta comprenderlas, porque para nosotras es difícil perdonar y olvidar, aun cuando son situaciones pequeñas que no entendemos cómo Dios podría perdonarnos. Por eso es importante entender el sacrificio de Jesús, porque aunque es demasiado profundo, podemos confiar en que Dios es un Dios de palabra y podemos tener seguridad en lo que ha hecho y establecido:

Pero Cristo vino ya, y es el sumo sacerdote de los bienes venideros, a través del tabernáculo más amplio y más perfecto, el cual no ha sido hecho por los hombres, es decir, que no es de esta creación, y no por medio de la sangre de machos cabríos ni de becerros, sino por medio de su propia sangre. Entró una sola vez y para siempre en el Lugar Santísimo, y así obtuvo para nosotros la redención eterna. Si la sangre de los toros y de los machos cabríos, y las cenizas de la becerra rociadas sobre los

impuros, santifican para la purificación de la carne, ¡cuánto más la
sangre de Cristo, que por medio del Espíritu eterno se ofreció a sí mismo
sin mancha a Dios, limpiará de obras muertas nuestra conciencia, para
que sirvamos al Dios vivo! (Heb. 9:11-14)

En el capítulo 2, mencioné cómo Dios, al hacer túnicas de
pieles de animales para vestir a Adán y Eva, hizo el primer derramamiento de sangre por el pecado, y cómo esto continuaría. A
lo largo del Antiguo Testamento, podemos ver cómo había necesidad de sacrificios constantemente para el perdón de pecados,
cómo se constituyeron sacerdotes y ciertos mandamientos para la
expiación de pecados. Aunque esos sacrificios hacían expiación,
no eran suficientes para una justificación eterna delante de Dios,
y por eso necesitaban repetirlos constantemente.

Apenas Jesús, el Cordero de Dios sin mancha, fue crucificado
y entregado como ese sacrificio perfecto delante de Dios, eso
fue suficiente para saciar la ira de Dios por nuestros pecados.
A pesar de nuestras faltas e insuficiencia, podemos descansar
en la obra redentora de Cristo por nuestros pecados, creyendo
que somos perdonadas y justificadas delante del Padre, no por
nuestras acciones, sino por aquello que fue consumado en aquella
cruz del Calvario.

Con esto, debemos entender que, desde el momento que creímos en el sacrificio de Jesús y por el resto de la eternidad, Jesús
continuará ejerciendo ese trabajo de mediador entre nosotras
y Dios. Nos podemos presentar y acercar a Dios con seguridad
sabiendo que no nos está viendo por nuestra insuficiencia, sino a
través de la sangre derramada por nuestros pecados. Ya no tienes

que cargar con la culpa de tu pecado porque Cristo ya lo hizo por ti y pagó tu deuda por completo.

LIBRE

Al ser escogidas, adoptadas y perdonadas, queda algo más por entender, y es la libertad que se nos ha dado. En el mundo en que vivimos, todos buscan ser libres, pero cualquier libertad que promete el mundo es una libertad subjetiva, porque a la luz de las Escrituras, todos por ser pecadores estamos sujetos a la esclavitud del pecado y condenados a muerte. Entonces, cualquier libertad de este mundo sigue siendo una libertad sujeta al pecado y la muerte.

Por otro lado, en ocasiones, hay un falso entendimiento de que ahora somos libres de hacer lo que sea porque Jesús pagó por nuestros pecados. Pero como lo expresó Pablo:

¿Entonces, que? ¿Pecaremos porque no estamos bajo la ley sino bajo la gracia? ¡De ninguna manera! (Rom. 6:15)

Es importante entender la clase de libertad que nos da Cristo, porque eso influye en cómo vivimos nuestras vidas. Antes de poner nuestra fe en Cristo y recibir salvación, estábamos muertas en pecado. Eso significa que vivíamos atadas al pecado y no teníamos otra opción más que seguir viviendo y actuando según nuestra carne. Éramos esclavas, vivíamos cautivas y estábamos ciegas a nuestra condición. Entonces, ahora recibimos libertad para poder actuar de una manera distinta. Veamos algunos ejemplos de lo que la libertad significa a la luz de la Biblia:

Manténganse, pues, firmes en la libertad con que Cristo nos hizo libres, y no se sometan otra vez al yugo de la esclavitud. (Gál. 5:1)

Hermanos, ustedes han sido llamados a la libertad, sólo que no usen la libertad como pretexto para pecar; más bien, sírvanse los unos a los otros por amor. (Gál. 5:13)

Hagan uso de su libertad, pero no la usen como pretexto para hacer lo malo, sino para servir a Dios. (1 Ped. 2:16)

Es claro que la libertad de Cristo es para ya no tener que vivir oprimidas por el pecado. Nos da esa oportunidad de vivir de una manera distinta, ya no sirviendo al pecado sino a Cristo. Sinceramente, esta es una de las verdades a las que debemos poner mucha atención, porque ahí está la clave de no enredarnos en los patrones de nuestros tiempos.

A lo largo del libro, hemos hablado de las luchas y tentaciones con las cuales tendemos a lidiar. Aun como hijas de Dios, muchas veces vivimos persiguiendo lo mismo que las personas que no lo conocen, buscando ser aceptadas por los demás y dándole prioridad a nuestra lista de sueños y expectativas. Antes de Cristo, no teníamos otra opción más que vivir de esa manera; sin embargo, ahora, sabiendo que somos salvas, escogidas, perdonadas, hijas de Dios, con una ciudadanía en el cielo, debemos comprender que todo lo que somos debe ser transformado. Es decir, ya no buscamos ni hacemos lo que acostumbrábamos. Pablo lo dice de la siguiente manera:

Hablo en términos humanos, por la debilidad de su naturaleza humana. Así como para practicar la iniquidad presentaron sus miembros para servir a la impureza y la maldad, ahora, para practicar la santidad, presenten sus miembros para servir a la justicia. (Rom. 6:19)

Nosotros somos hechura suya; hemos sido creados en Cristo Jesús para realizar buenas obras, las cuales Dios preparó de antemano para que vivamos de acuerdo con ellas. (Ef. 2:10)

Que entendamos nuestra identidad en Cristo no debe limitarse a tener «etiquetas» o a dónde correr cuando tengamos problemas de autoestima, sino que nos debe llevar al entendimiento de que hemos muerto juntamente con Cristo, que nuestras vidas ya no nos pertenecen y que hay un propósito en nuestras vidas. Ya no hay razón por la cual seguir viviendo de la misma manera que lo hacíamos antes de Cristo; de hecho, debe haber una transformación en nuestras vidas.

Y no adopten las costumbres de este mundo, sino transfórmense por medio de la renovación de su mente, para que comprueben cuál es la voluntad de Dios, lo que es bueno, agradable y perfecto. (Rom. 12:2)

El conocimiento de Dios, Su obra redentora y la nueva vida que nos da debe ser entendido con que ya no buscamos lo que el mundo busca. La gente que no conoce a Dios basa todo en sus emociones y deseos, buscando siempre satisfacer su carne.

Nosotras somos llamadas a morir a nosotras mismas y ya no seguir lo que el mundo sigue, sino seguir a Cristo (Mat. 16:24). Al entender esto, podremos abrazar el propósito y el llamado para nuestras vidas.

LA SUFICIENCIA
DE DIOS

YA NO VIVO PARA MÍ

Se produce una revolución en la manera en que vivimos cuando entendemos el sacrificio de Jesús y nuestra nueva identidad en Él. Hemos recibido una nueva vida, gozamos de la presencia misma del Espíritu Santo y se nos ha dado la oportunidad de hacer las cosas de manera diferente. Sin embargo, no aprovechamos esa enorme gracia sobre nosotras y muchas veces nos seguimos adaptando a las maneras de vivir en este mundo. ¡Esto ya no puede seguir así! No olvides que ahora somos libres de la esclavitud, para ya no vivir bajo el pecado, y gozamos del poder y la presencia de Dios para poder actuar de una manera muy distinta. Cabe enfatizar también que, aunque tus acciones no son lo que te hacen obtener la salvación, reflejan la obra de Dios en tu vida y lo que realmente crees, ya que una fe genuina en Cristo Jesús tendrá evidencias tangibles en nuestras vidas.

Si somos cristianas, no podemos pretender seguir viviendo de la misma manera que cuando estábamos muertas en pecado. ¿Qué sentido tendría ser rescatadas si simplemente volvemos a nuestra condición de esclavitud? Ninguno. Estoy segura de que ya has intentado la vida a tu manera. Has buscado saciar tu corazón con todas las promesas del mundo. Has ido en pos de ídolos, te has aferrado a ellos entregándoles tu corazón y has comprobado que nada realmente satisface tu sed interior. Ha llegado el momento de que por fin entendamos que la identidad que recibimos en Cristo y la nueva vida que recibimos se viven bajo nuevos términos. Ya nuestras vidas deben apuntar a Cristo y reflejar que Su Espíritu habita en nosotras.

Ya hablamos en el cuarto capítulo sobre lo que nuestro pecado merecía y la salvación que recibimos por pura gracia de Dios. Debemos continuar teniendo en mente lo que el Señor ha hecho en nosotras por el resto de nuestras vidas, porque no solo se trata de haber recibido salvación de las consecuencias del pecado y de allí en adelante vivir como queramos. No, en el momento en que Jesús tomó nuestro lugar en la cruz y creímos en Su sacrificio a nuestro favor, es como si nosotras también hubiéramos muerto.

Pero con Cristo estoy juntamente crucificado, y ya no vivo yo, sino que Cristo vive en mí; y lo que ahora vivo en la carne, lo vivo en la fe del Hijo de Dios, el cual me amó y se entregó a sí mismo por mí. (Gál. 2:20)

En la película *Oz: el poderoso,* hay una escena donde el personaje Oscar Diggs rescata a Finley. Él queda totalmente agradecido porque le salvó la vida y, como sabe que sin Oscar estaría muerto, le dice que por lo que hizo, ahora estará a su servicio por el resto de su vida. Recuerdo claramente el día en que vi esa escena y no pude evitar pensar que esa debería ser nuestra respuesta a la salvación. Lo que Dios en Su gracia y misericordia ha hecho por nosotras nos debería llevar a no querer vivir más para nosotras, sino para Aquel que dio Su vida por nosotras. Justamente, Pablo dice que es como si hubiéramos muerto con Cristo en la cruz, pero ahora hemos resucitado, ya no para vivir para nosotras, sino para aquel que «me amó y se entregó a sí mismo por mí». Tenemos tanta gratitud por la nueva vida recibida que decidimos no vivir más para nosotras, sino solo para nuestro Señor Jesucristo.

Tendemos a equivocarnos cuando vemos la salvación como algo conveniente para nosotras. La vemos como el otorgamiento de un acceso privilegiado a Dios para pedirle lo que sea. No solo eso, sino que sentimos que, por nuestra fe, tenemos el derecho de recibir todo lo que pidamos. En vez de quitar los ojos de los ídolos y las fuentes equivocadas, vemos a Dios como el comodín que necesitábamos para alcanzar nuestra satisfacción terrenal. En lugar de vivir en total agradecimiento y obediencia por lo que hemos recibido y comenzar a vivir para Él, Su reino y Sus propósitos, solemos volvernos demandantes, porque en lugar de tener una perspectiva eterna, continuamos teniendo una perspectiva humana, egoísta y limitada.

He podido notar que se ha vuelto parte del lenguaje de la iglesia y de los creyentes la idea de que Dios está cerca para responder todas y cada una de nuestras oraciones, mejorar nuestras vidas y liberarlas de todo dolor y decepción. Cuando tenemos esa expectativa equivocada de lo que Dios puede hacer y darnos, estamos ignorando que ya hizo lo más sorprendente en nuestras vidas, al punto de que si no volviera a hacer nada, Su sacrificio redentor y Su salvación seguirían siendo más que suficientes para vivir agradecidas por el resto de nuestras vidas.

Hace un tiempo, me hicieron una entrevista en la que comparaban y contrastaban mi vida y mis sueños antes de Cristo y las cosas que había logrado hasta ese momento. Recuerdo que la persona que me entrevistaba comenzó a decir que por muchos años yo había tenido tantos sueños que se vieron frustrados y parecían no volverse realidad, pero que, en el momento en que puse mi confianza en Cristo, recibí algo mejor, refiriéndose específicamente a mis redes sociales y las oportunidades que he tenido desde entonces. Cuando terminó de decir eso, la tuve que interrumpir con mucha amabilidad porque, aunque sin duda creo que todo lo que ha pasado en mi vida ha sido porque a Dios así le ha placido y que estoy donde Él me ha puesto, ese «algo mejor» que había recibido no tenía nada que ver con un aparente éxito o realización de sueños. Lo más impresionante que había recibido era la salvación, haber sido rescatada de la muerte y recibir la libertad de tener una profunda relación con Dios mi Padre. Ya nada se trataba de mí, sino de Él para siempre.

¿Recuerdan el ejemplo que les di de la promesa de la industria de la comida rápida? Ese tipo de comida no tiene posibilidad alguna de realmente satisfacerte en el sentido correcto de la palabra, porque su objetivo no es proporcionar los nutrientes saludables que tu cuerpo necesita, sino ofrecerte un placer superficial momentáneo. Debido a que esa comida es atractiva a la vista y sabrosa al paladar, pensamos que es necesaria para satisfacer nuestro apetito, e ignoramos la comida que no se ve tan placentera, pero que realmente puede saciarnos.

De la misma manera, como cristianas, hemos caído en la mentira de vivir para conseguir cosas que ofrecen satisfacción, pero que no sacian ni alimentan. Vivimos para nosotras mismas, para nuestra gloria y para hacer lo que nuestra carne desee, porque creemos encontrar plenitud en todo eso. Sin embargo, hemos confirmado no solamente en nuestras vidas, sino también en las vidas de aquellas personas que aparentemente lo tienen todo, que nada logra satisfacer de manera permanente y constante. Esa insatisfacción permanente es porque no fuimos creadas para vivir para nosotras mismas, ¡fuimos creadas para la gloria de Dios! Leamos juntas estas palabras de Pablo que nos hablan de esta realidad:

En [Jesús] fue creado todo lo que hay en los cielos y en la tierra, todo lo visible y lo invisible; tronos, poderes, principados, o autoridades, todo fue creado por medio de él y para él. Él existía antes de todas las cosas, y por él se mantiene todo en orden. (Col. 1:16-17)

Absolutamente todo lo creado fue creado por Dios mismo. No solo eso, sino que Él continúa sustentando el universo y manteniéndolo en orden. Todo le pertenece a Él, es Su obra maestra, y nosotras somos parte de esa creación creada por Él y para Él mismo. Que seamos salvas también significa que fuimos escogidas para nuestro Dios. El profeta Isaías declara:

A todos los que llevan mi nombre. Yo los he creado. Yo los formé y los hice para gloria mía. (Isa. 43:7)

Quisiera reiterarles que la razón por la que constantemente nos llegamos a sentir frustradas es porque no estamos viviendo para Dios. Es importante entender que ese sentimiento de satisfacción y plenitud que tanto anhelamos solo lo lograremos al vivir para adorar y glorificar a Dios porque así fuimos diseñadas. Este es un concepto que en muchas ocasiones nos cuesta entender, porque nos lleva a desprendernos de nuestros deseos terrenales que solo buscan traernos gloria a nosotras mismas. Pero se trata de una gloria vacía y que nos aleja de la verdadera satisfacción que solo se encuentra a los pies del Señor. Entender que fuimos creadas y redimidas por Jesucristo para la gloria de Dios nos ayudará a vivir realmente nuestro propósito en esta tierra. Pablo dice lo siguiente en su carta a los corintios:

Porque ustedes han sido comprados; el precio de ustedes ya ha sido pagado. Por lo tanto, den gloria a Dios en su cuerpo y en su espíritu, los cuales son de Dios. (1 Cor. 6:20)

Es maravilloso saber que hemos sido comprados con la preciosa sangre de nuestro Salvador. Antes éramos esclavas del pecado, ahora somos siervas de nuestro buen Dios. Por eso, en cada situación y temporada de tu vida, puedes y debes vivir para la gloria de Dios, desde tu vida como estudiante, a ser ama de casa o desarrollar tu profesión en tu vida laboral. Si entendemos que nuestras vidas ya no nos pertenecen, que fuimos compradas a precio de sangre y creadas y hechas nuevas para la gloria de Dios, entonces entenderemos que todo lo podemos hacer para Su gloria. Me gusta la manera en que lo ilustra John Piper:

Jesús nos llama a ser extranjeros y exiliados en el mundo. Esto no al sacarnos del mundo, sino al cambiar, desde la raíz, cómo vemos el mundo y cómo trabajamos en el mundo. Si trabajamos simplemente para sobrevivir —si trabajamos por el pan que perece—, desperdiciamos nuestras vidas. Pero si trabajamos con la dulce seguridad de que Dios suplirá todas nuestras necesidades —de que Cristo murió para comprar cada bendición inmerecida—, entonces todo nuestro trabajo será únicamente una labor de amor y solo nos jactaremos de la cruz».[1]

MORIR PARA VIVIR

Vivir para la gloria de Dios suena muy bonito, pero creo es uno de los mayores retos de nuestra vida como cristianas, ya que requiere morir a nosotras mismas. Este es uno de los conceptos que nos causan más conflicto porque implica despojarnos de

---

[1] John Piper, *Don't Waste Your Life* (Wheaton, IL: Crossway, 2003), págs. 140-141.

nuestros deseos para vivir bajo la voluntad de alguien más. Sin embargo, no hay una mejor manera de vivir. Tengo que reconocer que es algo con lo que lucho todos los días, pero al negarme a mí misma y ponerme a disposición del Señor es donde más descanso y gozo he encontrado para mi vida.

En la introducción, les conté que hubo un pasaje en particular que, cuando lo leí, me confrontó, porque contrastó con la manera en que consideraba mi vida y la vivía:

Pero eso a mí no me preocupa, pues no considero mi vida de mucho valor, con tal de que pueda terminar con gozo mi carrera y el ministerio que el Señor Jesús me encomendó, de hablar del evangelio y de la gracia de Dios. (Hech. 20:24)

Pablo sabía que predicar el evangelio era el enfoque y el propósito de su vida. Entendía que su vida le pertenecía por completo a Cristo y estaba dispuesto a sufrir y hasta dar su vida por el evangelio. El valor que le daba a su vida era el valor de dar a conocer a Cristo. Así es como nosotras debemos vivir, ya no buscando sin descanso mejorar nuestras vidas en esta tierra, sino encontrando nuestro valor en Cristo.

Un concepto que es altamente popular y aceptado en este mundo es el de tratar de salvar nuestras vidas. A lo que me refiero es que sobrevaloramos nuestra vida, en el sentido de que hacemos lo que sea con tal de evadir cualquier tipo de dolor, sufrimiento, rechazo y hasta incomodidad. Todo en la vida tiene que ver con ser aceptados y valorados, trabajar para tener la mejor vida posible, buscando seguridad en relaciones, dinero y adquisiciones materiales, pero, por el contrario, la Palabra de Dios nos dice:

El que ama su vida, la perderá; pero el que aborrece su vida en este mundo, la guardará para vida eterna. (Juan 12:25)

Las cristianas no podemos tener la vista tan corta como para tener nuestro enfoque solo en las cosas de esta tierra, en nuestros deseos, anhelos y comodidades. Eso es no darnos cuenta de que buscar esas cosas solo nos lleva a una vida mundana, vana y superficial. No quiero que me malentiendas, no digo que te esfuerces por sufrir, que no trabajes por mejorar tu calidad de vida y que te aborrezcas en vez de cuidarte. Lo que quiero decir es que tu enfoque no esté en hacer un hogar permanente en esta tierra. Es muy fácil perdernos en los afanes terrenales, al punto de olvidar que la nueva vida que hemos recibido tendrá su desenlace en la eternidad y que el propósito que hemos recibido trasciende y es superior a nosotras.

Seguir a Cristo significa ir en contra de la corriente del mundo, buscando primeramente el reino de Dios y su justicia. Vivir de una manera tan radical y diferente a los patrones populares del mundo nos pone en una posición en la que podemos ser atacadas y criticadas. Esa presión tan fuerte nos lleva muchas veces a tener que elegir entre ceder ante las tentaciones y vivir como las demás o permanecer firmes en Cristo y vivir para Su gloria. El mundo irá de mal en peor, y cada vez se hacen más fuertes las voces y los movimientos que proclaman una falsa esperanza mundana. Por eso debemos recordar las palabras de Jesús en el Evangelio de Marcos:

Porque ¿de qué le sirve a uno ganarse todo el mundo, si pierde su alma?
¿O qué puede dar uno a cambio de su alma? (Mar. 8:36-37)

La verdadera vida satisfactoria, abundante y eterna se encuentra en Cristo. Todo lo demás nunca será suficiente para saciarnos porque es producto del pecado que nos lleva a la muerte. Por más que brillen las promesas y tentaciones del mundo, recordemos que seguir y vivir en la carne es mantenernos en muerte espiritual. No hay nada que el mundo ofrezca que valga la pena como para minimizar tu eternidad y relación con Dios.

Morir a nosotras es morir a nuestros deseos carnales que se oponen a la Palabra de Dios. Ya hablamos sobre el pecado, sus consecuencias, la salvación y la nueva vida que recibimos en Cristo, pero eso no significa que dejamos de ser humanas y de tener luchas. Ahora el Espíritu Santo nos capacita para poder hacer buenas obras porque, como dice Pablo: «Nosotros somos hechura suya; hemos sido creados en Cristo Jesús para realizar buenas obras, las cuales Dios preparó de antemano para que vivamos con ellas» (Ef. 2:10). Esto es crucial porque el mundo no dejará de gritar que hagas lo que te hace feliz, aunque vaya en contra de lo establecido por Dios. Es como volver a oír a la serpiente que nos dice que el mandato de Dios es engañoso e infructuoso, pero nosotras sabemos que si nos rendimos al Señor comprobaremos que la voluntad de Dios es buena, agradable y perfecta (Rom. 12:2).

Nuestra humanidad luchará constantemente con nuestras emociones, pensamientos y deseos que presionarán para tomar la prioridad en nuestras vidas. Por eso, mantente firme en tu convicción de la redención pagada por Cristo a tu favor y la nueva vida que hemos recibido, porque es la única manera en que podremos vivir para la gloria de Dios. En nuestra naturaleza humana, queremos ser reconocidas, alabadas y admiradas. Esa inclinación nos empuja a vivir de maneras egoístas y centradas solo en nosotras mismas, pero al entender la suficiencia de Dios, podremos también comprender que morir a nosotras es realmente vivir y como dice Su Palabra:

Y nosotros no hemos recibido el espíritu del mundo, sino el Espíritu que proviene de Dios, para que entendamos lo que Dios nos ha dado. (1 Cor. 2:12)

EMBAJADORAS DE CRISTO

Durante el proceso doloroso por el cual pasé y he compartido con ustedes, fui muy confrontada con todo lo que hemos venido hablando. Me di cuenta de que estaba dejando que la percepción de los demás y mis propias expectativas me cegaran y no me permitieran realmente vivir para Cristo, porque deseaba obtener validación de los que estaban a mi alrededor. Tenía mi mirada demasiado en esta tierra, en lugar de realmente ver la vida a través de la obra de Cristo a mi favor y el lente de la eternidad.

Era evidente que las mayores insatisfacciones que llegaba a sentir eran porque, a pesar de haber recibido una nueva vida en Cristo, seguía intentado encontrar vida en esta tierra como el resto del mundo. Cuando fui confrontada con las Escrituras, comencé a cambiar desde mi perspectiva mundana sin Cristo a una perspectiva divina con Cristo.

Puesto que ustedes ya han resucitado con Cristo, busquen las cosas de arriba, donde está Cristo sentado a la derecha de Dios. Pongan la mira en las cosas del cielo, y no en las de la tierra. Porque ustedes ya han muerto, y su vida está escondida con Cristo en Dios. (Col. 3:1-3)

Como cristianas, debemos mantener nuestra mirada y objetivo en las cosas del cielo. Si Dios es nuestro Creador, Salvador y Padre, entonces es el único que nos puede decir cómo debemos vivir. Vuelvo a recalcar que uno de los mayores causantes de nuestra insatisfacción es querer ser y hacer algo en esta vida bajo los patrones del mundo, pero si no entendemos que todo es dado por Dios para glorificarlo a Él, lo más posible es que viviremos constantemente frustradas buscando plenitud en fuentes equivocadas.

Me gustaría que juntas viéramos el propósito que se nos ha dado a la luz de la Palabra. Ya hablamos de la identidad que tenemos en Cristo, lo que significa tener una nueva vida y que fuimos creadas para glorificar a Dios, pero ¿cómo se hace eso?

De modo que si alguno está en Cristo, ya es una nueva creación; atrás ha quedado lo viejo: ¡ahora ya todo es nuevo! Y todo esto proviene de Dios, quien nos reconcilió consigo mismo a través de Cristo y nos dio el ministerio de la reconciliación. Esto quiere decir que, en Cristo, Dios estaba reconciliando al mundo consigo mismo, sin tomarles en cuenta sus pecados, y que a nosotros nos encargó el mensaje de la reconciliación. Así que somos embajadores en nombre de Cristo, y como si Dios les rogara a ustedes por medio de nosotros, en nombre de Cristo les rogamos: «Reconcíliense con Dios». (2 Cor. 5:17-20)

De seguro han notado cómo Pablo nos dice que todo aquello que es nuevo en nuestras vidas proviene de Dios, quien nos ha *reconciliado* consigo mismo para vivir todo con Él y para Él. Volvemos a que la nueva vida que tenemos no es producto de nuestros merecimientos, sino porque Dios, en Su misericordia, realizó un acto de amor al mandar a Jesús a tomar nuestro lugar y así darnos una esperanza viva que no perece con el caos de este mundo. Todo aquello que hemos recibido por gracia no es para simplemente tener un pase a la eternidad y guardarlo en un cajón, mientras seguimos viviendo como si nada.

El Señor nos dice con absoluta claridad que ahora tenemos una tarea. Se nos ha dado el privilegio de ser Sus embajadoras en esta tierra y llevar ese mensaje de reconciliación a otras personas. ¡Así damos a conocer a Cristo! Al conocer las buenas nuevas del evangelio y ser nosotras mismas beneficiarias de la salvación anunciada y la vida nueva prometida, ahora tenemos la responsabilidad de llevar ese mensaje a aquellos que no lo han escuchado.

Esa es la gran tarea que tenemos en esta tierra. Ese es el propósito que tenemos en nuestras vidas y por eso es importante entender que debemos morir a nosotras mismas para vivir con la vida del Cristo resucitado. Dejemos de desperdiciar la vida que Dios nos ha dado, mantengamos la mira en la eternidad y usemos lo que se nos ha dado para dar gloria a Dios y predicar a Cristo crucificado y resucitado.

Esta es una tarea difícil, pero no imposible. En el siguiente capítulo, hablaremos de la clave para poder hacer esto una realidad y poder permanecer en Cristo.

INTIMIDAD INCOMPARABLE

LA LUCHA NO SE ACABA

Espero que a lo largo de este libro hayas podido ser confrontada con la verdad poderosa de la Palabra de Dios, pero también que hayas podido encontrar dirección y descanso en el Señor. Solo espero que ese descanso no te lleve a una pausa, como si creyeras que se trata del final de la jornada. En medio de nuestros momentos de crisis, es fácil caer en la desesperación y sentir que no hay salida y que, al encontrar algún tipo de respuesta y ver esa luz al final del túnel, podemos creer que ya hemos llegado al final.

De la misma manera, haber encontrado gozo permanente en Cristo y descansar en la suficiencia de Su sacrificio no significa que sea el final de la carrera, sino el comienzo en que empezamos a aplicar esas verdades a la forma en que vivimos. Entender cómo hemos sido engañadas por voces equivocadas, haber sido valientes para arrepentirnos y ahora tener conocimiento a la luz de la Biblia nos debe llevar a comenzar a dar pasos en la dirección correcta. La realidad es que por más que podamos entender que ahora debemos vivir diferente, que las propuestas del mundo no lograrán nunca satisfacernos y que solo hay plenitud en Cristo, no será suficiente para permanecer firmes si solo se trata de conocimiento y no está la disposición para vivir lo que ahora decimos creer.

Mientras sigamos en esta tierra, la lucha no se acaba, la tentación de construir nuestro propio Edén seguirá presente. Los afanes de esta vida, las ideologías populares y todo tipo de tentaciones intentarán crecer como hierba mala en nuestro jardín. Es ahí donde debemos mantenernos muy enfocadas para no permitir que crezcan hasta el punto de ahogar la nueva vida que hemos recibido. La tentación de vivir para ti y tratar de satisfacerte en fuentes externas seguirá presente, pero la solución ya ha sido planteada por el Señor mismo: debes tomar tu cruz, negarte a ti misma y seguir a Cristo (Mat. 16:24).

Lo que he querido enfatizar es que hay una lucha real entre nuestra carne y nuestro espíritu, porque continuamos caminando en esta tierra. Seguir a Cristo y vivir plenamente en Él nos costará, y en ocasiones será bastante difícil. Pablo explicó su propia lucha con las siguientes palabras que muestran que ni aun para él eran fáciles:

No entiendo qué me pasa, pues no hago lo que quiero, sino lo que aborrezco. Y si hago lo que no quiero hacer, compruebo entonces que la ley es buena. De modo que no soy yo quien hace aquello, sino el pecado que habita en mí. Yo sé que en mí, esto es, en mi naturaleza humana, no habita el bien; porque el desear el bien está en mí, pero no el hacerlo. Porque no hago el bien que quiero, sino el mal que no quiero. (Rom. 7:15-19)

No debería sorprendernos saber que Pablo mismo luchaba con el pecado. Eso no significa que pequemos cómodamente porque es algo con lo que todos luchamos, sino que debe ser una exhortación para que cada día nos aferremos a Cristo para poder permanecer firmes, porque separadas del Señor nada podremos hacer (Juan 15:5). No debemos bajar la guardia porque casi sin darnos cuenta comenzaremos a deambular en direcciones opuestas a las que el Señor nos ordena seguir.

LAS DIFICULTADES

Hemos visto cómo desde el Edén, a lo largo de la historia y hasta el día de hoy, la voz de la serpiente continúa haciéndose oír a nuestro alrededor. Creo que esa voz se vuelve mucho más evidente cuando somos salvas, porque se han abierto nuestros ojos y ya no vivimos en la oscuridad. Esa percepción del poder del mal puede hacer nuestro caminar aún más complicado, pero no debemos desanimarnos ante la dificultad porque, finalmente, no vamos solas.

Como he mencionado, somos cristianas, pero eso no significa que dejamos de ser humanas y de luchar con nuestra naturaleza pecaminosa. Cada día de nuestras vidas, tenemos el mandato de negarnos a nosotras mismas y seguir a Cristo, pero esto definitivamente no es algo que nos surge con naturalidad. Esto significa que, aunque el mundo vaya corriendo en una dirección y nuestro corazón anhele seguir por ese camino, si va en contra de la voluntad de Dios, entonces no lo seguimos y nos sometemos a Su Palabra para obedecer. ¡Qué tremendo reto!

El gran secreto revelado también por el evangelio es que esto no es algo que tengamos que hacer solas, sino que, en primer lugar, el mismo Espíritu Santo permanece con nosotras y, en segundo lugar, Dios mismo es quien nos capacita para hacerlo. Pero antes de entrar en detalle sobre la clave para mantenernos firmes por el resto de nuestras vidas, quisiera primero hablar de otro tipo de dificultades a las cuales nos enfrentaremos.

No solo habrá dificultades dentro de nosotras mismas, sino que también se manifestarán a nuestro alrededor. Es demasiado común ver cómo creyentes, al momento de experimentar una situación que no les favorece, comienzan a dudar de Dios, Su Palabra y Su suficiencia. Cuando vivimos bajo la premisa del mundo que nos llama a buscar nuestra mejor vida a toda costa, veremos como algo sumamente negativo que Dios permita que algo difícil llegue a nuestras vidas. Esa situación nos puede llevar a pensar que el Señor mismo nos ha abandonado.

Quisiera poder prometerte, como algunos lo enseñan de forma equivocada, que cuando comprendes el sacrificio de Cristo y recibes la nueva vida, entonces todo eso te llevará a una vida perfecta, libre de dolor y desilusión, pero la verdad es que no es así. Lo que

sí puedo afirmar con absoluta convicción es que al tener las verdades de Dios que nos hacen libres, ya no tendremos que seguir
siendo arrastradas por el mundo, y que al pasar por dificultades,
podremos tener una esperanza y seguridad permanentes. Volva-
mos por un momento a las palabras de David:

*Aunque deba yo pasar por el valle más sombrío, no temo sufrir daño
alguno, porque tú estás conmigo; con tu vara de pastor me infundes
nuevo aliento. (Sal. 23:4)*

No hay promesa de una vida libre de dificultades, pero sí existe
la promesa cierta de que Dios no nos dejará ni nos desamparará.
Por lo tanto, podemos encontrar paz en medio de la tormenta, no
porque amaine y desaparezca, sino porque sabemos quién va con
nosotras guiándonos y sosteniéndonos en la dificultad. Cuando
estamos plantadas en el conocimiento de Cristo, no podremos ser
movidas, porque ahora Su verdad, Su paz y Su presencia reinan
sobre nosotras. Él es la voz que escuchamos en medio de todo el
ruido ensordecedor a nuestro alrededor. Cuando confiamos en
Jesucristo, podemos atravesar cualquier tipo de situación con una
convicción como la de Pablo:

*Pues no tengo dudas de que las aflicciones del tiempo presente en nada
se compraran con la gloria venidera que habrá de revelarse en nosotros.
(Rom. 8:18)*

A pesar de las dificultades que podamos enfrentar hoy, la historia está escrita desde la eternidad por Dios y Cristo ha vencido
a la muerte y el pecado hace más de 2000 años. Sin importar lo

que pase en esta tierra, nosotras podemos tener la seguridad de que cuando la tierra pase y un nuevo cielo y una tierra nueva sean establecidos por voluntad de Dios, tendremos esa vida eterna con el Padre porque así lo ha prometido y es omnipotente para hacerlo realidad. La vida nueva que recibimos en Cristo viene con una esperanza en lo venidero y no meramente una esperanza temporal en esta tierra. Al tener la mirada en las cosas del cielo (Col. 3:1-3), vivimos día a día con la certeza de la victoria final de Cristo sobre todas las cosas al final de los tiempos.

Si perdemos de vista toda esa realidad prometida por el Señor, comenzaremos a desear aferrarnos a Dios al momento en que la incertidumbre llega, pero también a las cosas de esta tierra que nos prometen seguridad para no sentir que perdemos el control. Debemos tener bien en claro que todo lo que ofrezca este mundo imperfecto va a fallar, pero Dios nunca falla. Por eso podemos descansar en Él siempre, y jamás podremos llegar a ser autosuficientes hasta el punto de dejar de necesitarlo.

Me gusta compararlo con un bebé que comienza a caminar. En general, sus primeros pasos son guiados por sus padres y, conforme va agarrando confianza, comienza a apoyarse en los objetos que tiene a su alrededor. Finalmente, deja de necesitar de cualquier tipo de ayuda para caminar. A diferencia de la independencia que podemos llegar a alcanzar a un nivel humano, nunca llegaremos a ser completamente independientes de Dios porque «en él vivimos, y nos movemos, y somos» (Hech. 17:28).

Algo de lo que me di cuenta durante el proceso que les he comentado a lo largo de este libro es que quería llegar a sentir algún tipo de autosuficiencia y control de mi vida, sin entender que era imposible. Se trataba de una expectativa tan alta que constantemente sentía que me ahogaba y me llevaba al mismo ciclo de ansiedades, insatisfacción y frustración. Me gustaría compartirte algo que escribí en octubre de 2020:

Hay máscaras que he ido construyendo con el tiempo. De muchas, con la ayuda de Dios, logré librarme, pero a una en particular seguía aferrándome, pensando que eran mis ideales, sin darme cuenta del gran engaño que esto había causado en mi interior. La máscara de la «niña buena» viene con la raíz del miedo al rechazo, a no querer decepcionar, a querer la aprobación. Pero eso solo ponía un peso extra en mí de ser algo que no soy: buena. Tengo una necesidad inmensurable de Jesús. La misma necesidad que el peor pecador tiene de Jesús, también la tengo yo. Me esforzaba tanto por tener buenas obras, que dejaba de depender totalmente de Jesús y lo perdía de enfoque. De nada sirven buenas obras que no tienen una relación con Dios. De nada sirven las buenas obras si no reflejo a Cristo. Nunca se ha tratado ni se va a tratar de qué tan buena puedo ser, sino de qué tan bueno ya es Él. Se trata de mi constante dependencia de Él, entendiendo que fuera de Él no hay nada. Que todos los méritos y obras «buenas» son un trapo sucio para Él. La plenitud y satisfacción vienen de Él únicamente. Entonces, en lugar de estar en una constante presión de «ser», tengo que recordar lo que Él ya es.

Quisiera aclarar que no es mi intención decir que no tenemos que esforzarnos por obedecer y vivir en santidad. Hablo de que muchas veces nos apoyamos más en nuestras obras y en nuestra supuesta bondad natural, al punto de que quitamos la mirada totalmente de Jesús y buscamos méritos humanos. No hay absolutamente nada que podamos hacer sin Dios y, tal vez, a veces luchamos con ese concepto porque lo que más queremos es tener independencia y control.

Como ya hemos visto, recibir el perdón de Dios no es únicamente para librarnos del castigo de la muerte y poder vivir la mejor vida posible. Debemos recordar que cuando somos perdonadas, también el Señor nos reconcilia consigo mismo para poder tener comunión con Él. Cuando estábamos muertas en nuestro pecado, no teníamos acceso a Él, estábamos alejadas de Su gloria y éramos realmente Sus enemigas. Hemos sido rescatadas y se ha pagado un enorme precio por nuestra salvación para que vivamos en comunión con Él por el resto de la eternidad.

Les he hablado de los retos que afrontamos en el mundo, de las mentiras, del pecado detrás de todo, de las consecuencias y de la nueva vida que recibimos en Cristo, pero también de todo a lo que nos enfrentamos, porque es necesario reconocer la importancia de tener la mirada en las cosas de arriba, en las cosas eternas. Bajo esa luz es que podemos entender que necesitamos a Dios aún más de lo que logramos comprender.

Tengo que ser sincera y reconocer que se trata de un tema con el que constantemente batallo y que, gracias a Dios, el Espíritu Santo me confronta a través de la Palabra. En ocasiones, cuando todo parece estar saliendo bien, acorde a mi plan, mi intimidad con Dios comienza a sufrir porque me siento bien y aparentemente no necesito nada. Pero cada vez más entiendo que aun para poder respirar dependo de Él y que no hay nada que pueda hacer sin Él.

PERMANECE EN LA VID

Debemos tener una mejor comprensión del término «permanecer» para poder entender mejor la dependencia que tenemos de Dios. Dejamos de vivir una vida en dependencia total de Jesús cuando nos enfocamos tanto en nosotras mismas. El problema es que creemos poder solas sin reconocer que no podemos hacer nada sin Él. Veamos como lo explica Jesús mismo:

Yo soy la vid verdadera, y mi Padre es el labrador. Todo pámpano que en mí no lleva fruto, lo quitará; y todo aquel que lleva fruto, lo limpiará, para que lleve más fruto. Ustedes ya están limpios, por la palabra que les he hablado. Permanezcan en mí, y yo en ustedes. Así como el pámpano no puede llevar fruto por sí mismo, si no permanece en la vid, así tampoco ustedes, si no permanecen en mí. Yo soy la vid y ustedes los pámpanos; el que permanece en mí, y yo en él, éste lleva mucho fruto; porque separados de mí ustedes nada pueden hacer. (Juan 15:1-5)

La manera en que permanecemos en Dios es al tener una intimidad incomparable con Él. Permanecer no es algo pasivo, sino que requiere acción de nuestra parte, como cuando leemos Su Palabra, tenemos tiempos de oración y buscamos hacer Su voluntad por sobre todas las cosas. Es fácil tropezar y querer volver a las viejas fuentes de satisfacciones engañosas, especialmente cuando nos enfrentamos con la decepción, soledad e insuficiencia que el mundo provoca. Sin embargo, si vivimos en intimidad diaria con el Padre, entonces Él mismo nos ayuda en nuestra debilidad.

Quisiera que esto quede grabado en tu mente y corazón: **Nuestra vida como cristianas no puede vivirse separada de Dios**. Claramente podemos leer que Jesús dijo que no hay nada que podamos hacer separadas de Él. Hay una necesidad en nosotras que apunta solo a Él. De todo corazón, te invito a que no veas esto como una carga añadida a tu manera de vivir, sino como un enorme privilegio y descanso en el Señor. Con tan solo continuar leyendo este pasaje podemos ver cómo la obediencia a Dios y dependencia de Él terminan siendo de enorme beneficio para nuestras vidas:

Si obedecen mis mandamientos, permanecerán en mi amor; así como yo he obedecido los mandamientos de mi Padre, y permanezco en su amor. Estas cosas les he hablado, para que mi gozo esté en ustedes, y su gozo sea completo. (Juan 15:10-11)

El gozo que tanto anhelamos y que parece no estar por ninguna parte se encuentra en vivir para Cristo. Entre más buscamos obedecerlo, glorificarlo y reflejarlo, más satisfacción encontramos, porque ese es nuestro diseño. No hay nada más en esta tierra que pueda satisfacernos que vivir una vida en Cristo y para Cristo. Esa vida es vivida bajo Su voluntad y mandamientos y no bajo los estándares del mundo. Por eso la importancia de permanecer en Él y no regresar a los caminos de donde nos rescató.

LA BRÚJULA DE TU VIDA

Es demasiado importante que cada día nos aferremos más y más a Dios, que sea también una prioridad en nuestras vidas el comer el pan espiritual de la Palabra de Dios, porque así nos mantendremos alineadas a la verdad ante todo tipo de ataques. Mantener el evangelio como nuestro punto de referencia siempre nos ayudará a dejar de mirarnos a nosotras y voltear nuestra mirada a Dios. Comparemos esto con lo que hacen las bailarinas al girar. Ellas tienen la capacidad de dar unos giros increíbles y continuos sin perder el equilibrio, porque simplemente tienen un punto de enfoque. Sin importar qué tanto giran, mantienen la estabilidad porque su mirada siempre vuelve al mismo lugar. De la misma manera, Dios nos ha dejado Su Palabra que sirve como la brújula que nos apunta siempre en la dirección correcta.

Como cristianas, tendremos esos momentos en nuestro diario vivir donde quizá comenzamos a caminar en direcciones equivocadas. Es más, hay momentos en los que la vida se puede poner tan confusa que ya no sabemos qué dirección tomar. Como hemos visto, hay un enemigo que desde el comienzo ha tratado de hacer de las suyas para desviar nuestro enfoque, y es producto de esas batallas por nuestra adherencia y enfoque que podemos decir que estamos bajo una guerra constante. Sin embargo, hay una manera de apuntar nuestra brújula en la dirección correcta. Jen Oshman dice lo siguiente:

Entonces, si nuestros corazones son como una brújula y naturalmente se alinean con lo que sea que vivimos, entonces la pauta del cristiano es constantemente girar la brújula hacia nuestro verdadero norte, a Dios mismo, el único que puede realmente satisfacernos a ti y a mí.[1]

Estamos tan acostumbradas a consumir todo lo que el mundo nos arroja por las redes sociales que quizás ya es tiempo de cambiar nuestra dieta y poner atención al alimento con el que estamos llenando nuestras mentes. Ya hablamos de permanecer pero, ¿cómo permanecemos firmes ante tantas voces y movimientos? ¡Conociendo la verdad de Dios! Pablo dio la siguiente advertencia a los de la iglesia de Colosas:

Cuídense de que nadie los engañe mediante filosofías y huecas sutilezas, que siguen tradiciones humanas y principios de este mundo, pero que no van de acuerdo con Cristo. (Col. 2:8)

La conclusión final de todo lo que hemos venido dialogando es que cada pensamiento, sentimiento, idea, sueño y cada área de nuestra vida deben ser llevados a la luz de la Palabra de Dios. Si algo no va de acuerdo con el evangelio de Jesús, entonces debemos desecharlo sin miramientos. Solo nos podremos cuidar de tanta falsa enseñanza que circula en grandes cantidades por todas

---

[1] Jen Oshman, *Enough about Me*, pág. 101.

partes conociendo lo que dice Dios en la Biblia. El enemigo constantemente te tentará a regresar a las mismas fuentes engañosas y te mostrará todo aquello que aparentemente te estás perdiendo, pero si para ti lo más valioso es Dios y la salvación a través de Jesucristo, nada de eso te hará moverte, porque podrás regresar al verdadero norte.

CONCLUSIÓN

Al inicio de este libro, les conté que este viaje espiritual comenzó a raíz de una ruptura. A pesar de considerarme cristiana y una seguidora de Jesús, no había comprendido cabalmente Su suficiencia sobre toda mi vida y seguía buscando plenitud en cosas y personas a mi alrededor. Mientras luchaba con mi orgullo, ideales y expectativas, fui confrontada con la Palabra de Dios. Fue en ese proceso de sanidad que Dios trajo claridad a mi mente de la suficiencia del sacrificio redentor de Jesucristo en mi vida.

A pesar de que seamos mujeres cristianas que quizá no viven exactamente como lo hace el resto del mundo, la verdad es que hemos quitado tanto el enfoque del evangelio que hemos comenzado a circular por caminos creados exclusivamente por el ser humano. Por años, se han repetido ciertos errores de los cuales nos hemos hecho partícipes y adaptamos nuestro cristianismo a las apelaciones populares de nuestra sociedad. Nos hemos dejado engañar por diferentes promesas que el mundo nos ha hecho. Estamos tan afanadas por alcanzar verdadera felicidad, satisfacción y plenitud, que hemos llegado a creer en los caminos equivocados sin cuestionarlos a la luz de Dios y Su Palabra eterna.

Hemos intentado construir nuestro propio Edén con desesperación, nuestra mejor vida soñada que nos provea todo lo que anhelamos. La realidad es que a veces nos encontramos sumamente frustradas con nuestras vidas, pero a la vez vivimos adictas a nuestras expectativas y a todo aquello que el mundo promete que nos traerá plenitud y satisfacción. Ese error nos ha llevado a mirarnos solo a nosotras mismas en lugar de poner nuestra mirada en el Creador. En consecuencia, llegamos a una realidad donde solo perseguimos promesas vacías que son incapaces de cumplir.

Recordemos que todo lo que no viene de Dios viene del pecado. Estoy hablando del mismo pecado que en algún punto nos condenaba a la ira, juicio y castigo de Dios. Esa profunda separación de Dios hacía imposible tener una relación con Él. Sin embargo, por Su amor y misericordia, el Padre celestial envió a Su Hijo Jesús a vivir la vida que nos era imposible vivir y tomar nuestro lugar en aquella cruz. Él cargó con nuestro pecado y recibió el castigo que nos correspondía, y a través de esa obra de gracia, creó y abrió un camino donde no lo había.

Al poner nuestra confianza en Jesús y Su obra redentora, recibimos esa salvación en nuestras vidas. Esto no se queda únicamente en el alivio de saber que ya no tendremos que enfrentar el castigo eterno, sino que nos da una nueva vida y restaura nuestra relación con Dios. Cuando sucede este cambio en nosotras, nuestra mirada se debe mover de lo terrenal a lo eterno, logrando así que ya no busquemos vivir para las cosas que antes buscábamos alcanzar con todas nuestras fuerzas.

A través del sacrificio de Jesús, obtenemos paz para con Dios, una identidad nueva, una manera distinta de vivir y un propósito que no puede ser vivido ni interpretado por un mundo pecaminoso que lo considera una verdadera locura. Por eso se hace necesario que comencemos a vivir bajo la comprensión de que nuestras vidas fueron compradas a precio de la sangre preciosa de Cristo y que ya no nos pertenecemos, porque ahora somos propiedad de Dios. Fuimos rescatadas, escogidas y adoptadas en la familia de Dios y ahora nuestro gozo y plenitud se encuentran totalmente en vivir para glorificarlo.

¡Debemos comprender que fuimos creadas para la gloria de Dios! Cuanto más nos deleitemos en Dios y vivamos para glorificarlo a Él, más plenitud experimentaremos, porque estaremos viviendo el diseño para el cual fuimos creadas. Recordemos que nuestra salvación no se limita a recibir algo, sino que Dios nos deja la tarea de llevar esas buenas nuevas a los que nos rodean. Nos volvemos Sus embajadoras en esta tierra para proclamar Su evangelio.

Quiero desafiarlas de corazón a que este libro no se vuelva uno más en la lista de lecturas completas y que luego termina escondido en medio de una biblioteca. Este libro fue escrito con la convicción de la necesidad de proclamar la importancia de dejar de vivir para saciar nuestras expectativas y comenzar a vivir para Cristo. No nos desenfoquemos de la Palabra de Dios porque solo en sus páginas conoceremos la verdad liberadora y el alimento que sacia nuestra alma. Es tiempo de que comencemos a vivir como hijas de Dios y que dejemos nuestros caminos viejos atrás. Por más promesas que el mundo nos pueda dar, nada puede saciarnos como Cristo.

¡La verdadera vida se encuentra solo en Él!

NOTAS